DAOTONG ZHITONG YU KEJI

KANGXI HUANGDI YU XIFANG KEXUE

道统、治统与科技

——康熙皇帝与西方科学

刘 溪 ◎著

人民出版社

前　言

除了"在位时间最长的帝王"、"康乾盛世的开创者"等,康熙帝身上还有一个更为独特的标签——"科学家皇帝"。的确,他对科学技术的掌握和利用,在中国历代帝王中可谓无人能出其右。也正因此,诸多关于中国近代科技发展问题的评判矛头纷纷指向康熙帝,例如蒋方震在为梁启超《清代学术概论》所作序言当中即发出如下疑问:"清祖康熙,尤喜其算,测地量天,浸浸乎用之实地矣。循是以发达,则欧学自能逐渐输入。顾何以康熙以后,截然中辍,仅余天算,以维残垒?"①对此问题,梁启超在随后所著的《中国近三百年学术史》中,也有过感慨:"我们最可惜的是,以当时康熙帝之热心西方文物,为何不开个学校造就些人才? 就算他不是有心窒塞民智,也不能不算他失策。因为这种专门学问,非专门教授不可。他既已好这些学问,为什么不找些传人呢?"②

诸如此类的叹问与评价,在后世学者的著作当中屡见不鲜。的确,康熙帝是明末清初"西学东渐"中身份地位最为特殊的关键人物,任何对清代科技发展问题所做的探究都无法将其绕开。然而,在各种评判背后似乎还有一个更为前提、根本性的问题需要解决,即:康熙帝为何如此崇尚科学,尤其是西方科学? 这是一个虽然已有诸多研究成果,然而至今未得确解的问题。

---

① 梁启超:《清代学术概论》,上海古籍出版社 2005 年版,第 92 页。
② 梁启超:《中国近三百年学术史》,岳麓书社 2010 年版,第 19 页。

在一些研究者看来,康熙帝学习西方科学的目的仅仅是为了向汉族大臣"炫耀",或是能够在中西历法之争中"断人是非";并且认为在康熙帝身上一直存在着一个矛盾,即他一方面对西方科学苦心钻研、大加利用,另一方面又将宋明理学奉为圭臬,终生服膺。这些结论的得出源于没有真正将西方科技纳入康熙帝的信仰体系与知识体系当中进行考量,即没有意识到:在康熙帝那里,科学与儒学、西方科技与儒家"道统"并不矛盾;恰恰相反,西方科学正是他维护道统、巩固皇权的一种有效工具。

已有学者意识到,康熙帝对西方科学的崇尚,涉及"知识与权力"的关系问题,西方科学在康熙帝政治生涯的权力运作中扮演了十分重要的角色。这无疑是一个重要的观点,即指明了康熙帝的目的并不在科学技术本身,而在于皇权统治的巩固。然而问题是:康熙帝为何需要通过掌握科技知识来强化自己的权力?换言之,康熙帝为什么认为自己有必要掌握科学技术、特别是有可能危及其道统合法性的西方科技?他又是如何利用西方科技强化自己的权力的?这些都是"康熙帝与科技"这一专题研究必须提出、有待深入回答的关键问题。

通过分析康熙帝数十年学西学、用西学的整个历程可见,西方科技在其政治生涯中有两个不同方面的功用:其一,被用于天文、地理、军事、农业等重要领域,以助益国计民生;其二,被当作训导儒者的重要武器,塑造自身"知识权威"的形象。前者维护的是"治统",体现的是"君"的角色;后者维护的是"道统",体现的是"师"的角色。而这一切皆源于康熙帝不同于以往历代帝王的诉求:成为将道统与治统合二为一("道治合一")的圣王。

学界以往对康熙帝塑造自身道统形象的研究多集中于他在儒家文化信仰方面所做的种种努力,而皆忽略了他对科学技术、尤其是对西方科技的掌握与利用。实际上,科学技术在儒学传统中虽然未曾占据最显眼的位置,但亦是不可或缺的组成部分,西方科技在康熙帝"道治合一"圣王形象塑造中所起的作用,不亚于,甚至要大于其他方面的努力。因为:若论对儒家经典的掌握,康熙帝尽管也已达到了较高的造诣,但毕竟不能够独领风骚;然而若论对科学技术、尤其是西方科技的掌握,一般懵懂无知的儒家士大夫实在望尘莫及,这足以显示和证明他的"圣智"。于是,康熙帝通过对西方科技的掌握和运用,成功地取得了知识话语权,从而极大地巩固了他的道统话语权。而他晚年所倡导的"西学中源"说,更是彻底地将西方科学纳入了儒家道统当中,这也是其利用西方科学来塑造自身"圣王"形象的最后逻辑环节。

为康熙帝讲授西方科学的法国传教士白晋(Joachim Bouvet 1656 -1730)曾言:"(康熙帝)天生就对一切有益的事情怀有兴趣,所以,他刚一接触西洋科学,就对这项研究工作产生极大的热情"①。实际上,应该这样说,如果康熙帝没有试图以治统兼并道统,没有充当"学术权威"、塑造自身"道治合一"圣王形象的诉求,他就不会对西方科学如此热衷,乃至穷尽数十年心力不间断地研究、利用。

总之,本书试图将西方科技与皇权统治的内在需求结合起来进行研究,重新审视康熙帝对西方科技从初次接触,到加以深入探究而大加利用,直至最终"纳西入中"的整个历程,重新诠释康熙帝与西方科技的关系问题。这样,在儒家思想文化领域内对康熙帝之政治活动进行研究时,就会重视科学技术尤其是西方科技的作用;同理,在科学史、科学思想史研究领域内对康熙帝之科技活动进行研究时,亦会注重对科学技术与儒学传统之间关系的思考。

基于以上思考,本书从以下几个方面展开了具体研究。

在以儒学为主干的中国传统文化中,象征儒家文化价值认同的"道统"与代表世俗政治权力的"治统"之间的关系经历了不同的变化阶段:孔子之前,道统与治统是同一的,因而君师同一、政教同一、圣王同一;孔子之后,道统与治统已分立,因而君师分立、政教分立、圣王分立。此后,道统一直占有较之于治统的价值优先性,即"道高于治";但此种格局在康熙帝身上发生

---

①　[法]白晋:《康熙皇帝》,黑龙江人民出版社 1981 年版,第 30 页。

了转变,他通过信仰与文化方面的一系列努力,试图恢复道治同一、君师同一、政教同一、圣王同一的理想,其具体的途径就是向儒家士大夫争夺道统话语权,以治统兼并道统。

在康熙帝"道治合一"的努力中,西方科技起到了重要的作用,然而,康熙帝对西方科技的认识并非一蹴而就,而是分为不同的阶段。在"杨光先历狱案"中,康熙帝发现了西方科学在补救中国科学危机、维护皇权统治当中的作用,于是由利用西方科学"断人是非"的初识,转向了"作君作师"之用的深悟。而科学技术之所以能够在康熙帝塑造"道治合一"圣王形象的努力中发挥重要作用,亦是因为科学技术本身即是深嵌于儒家文化传统结构之中的,儒学传统中不仅有科技知识的内容,而且有其形下学的知识论建构、形上学的本体论建构,并且还有具体的运用体系。因此,广泛地学习掌握包括科技知识在内的知识,乃是承担"道统"、成为"圣人"的必要条件。

西方科技在维护康熙帝"治统"方面发挥了重要的作用:康熙帝重新整顿钦天监,谕令全体官员学习西洋新法,提高了天文历法的准确性,保证了帝王"敬授民时"的权威性;建立"皇家科学院",修书育人,保证了皇权对科学技术的控制与利用;主持西洋火炮的研制,使其在平定内乱、护卫领土方面发挥了重要作用;组织全国地理大测量与舆图的绘制,确保了皇权对国家疆域的绝对控制。

西方科技在塑造康熙帝"道统"形象方面发挥的作用,更是重要且独一无二的:通过对西方科技的苦心钻研,孜孜以求,康熙帝逐渐成为此领域的绝对权威;他主持编纂,乃至亲撰科技典籍,利用"知识权威"的身份教导和训谕科技人才,从而成功剥夺了儒者的知识话语权,塑造了"仁且智"的圣王形象。

综观康熙帝一生学西学、用西学的历程可见,其晚年对"西学中源"说的大力提倡是一种必然,即通过将西方科学纳入儒家道统,从而使自己数十年学西学、用西学的行为名正言顺。在此意义上,可以说"西学中源"说是康熙帝用西方科学辅助其"道治合一"形象构建的最后逻辑环节。

　　对康熙帝的科技活动进行功过评价,一直是"康熙帝与科技"专题研究中不可回避的重要环节,本书在"余论"中梳理了康熙帝科技活动中的一系列"矛盾"问题,认为所有的"矛盾"皆为其"道治合一"圣王形象塑造过程中的一种必然。基于本书的研究视角,笔者从"儒家道统"与"清初科技发展"两个方面对康熙帝科技活动进行了评价:其一,康熙帝对西方科技的掌握和利用大大拓展了儒家道统的内涵,但也因剥夺了儒者的话语权而降低了士人对于皇权的约束力,以更为广阔的历史哲学的眼光来看,其最终实现的"道治合一"是对中国社会现代转型的一种阻滞;其二,康熙帝对西方科技的大力提倡掀起了中西文化交流的高潮,为清初科技发展做出了重要贡献,然而其"知识权威"的形象和对科技活动的"乾纲独断"也造成了科学研究独立性与科学家话语权的丧失,这最终会导致科学技术丧失其内在发展活力,从而阻碍科学技术的良性、健康发展。

　　最后,笔者将整理的"康熙帝主要科技活动年表"附于书末,以便令书中涉及的康熙帝所从事的主要科技活动有更为简洁且清晰的呈现。

目　　录

导　　论

第一节　本书写作的目的

明末清初是中国历史上一个极为特殊的时期,伴随着欧洲传教士来华,西方文化也被大规模地输入,从而引发了中西文化之间一场激烈的碰撞与深度的交融。在这场规模空前的文化交流之中,西方科技的传播方式因明清易代而发生了重要的转变:明末西学的传播和交流,多在士大夫阶层进行;而到了清初,康熙帝却成为了传播和推广西学的主持人,其对西方科技的苦心钻研与大力利用直接决定了西学东传的结构和特征,从而对清初科技发展产生了重要影响。

在中国历代帝王当中,康熙帝是最重视、提倡科学,也是最懂科学的人,因此,诸多的评判与标签便加在他的身上,使得康熙帝或被誉为贡献卓著的"科学家皇帝",或被指责为"窒息民智"的罪魁祸首①;甚至有学者将康熙帝视为导致"李约瑟难题"的关键人物,认为他应当对中国科技的落后状况负很大责任。

这些评价当然是仁者见仁、智者见智,也是诸多学者对一个曾经繁荣鼎盛的天朝大国最终衰败的原因的急切探求。在中西文化交汇的关头,中国

---

① 邵力子先生在 1944 年"纪念王徵逝世 300 周年"的讲话中提到:"梁任公曾批评康熙帝,'就算他不是有心窒息民智,也不能不算他失策',据我看,这'窒息民智'的罪名,康熙帝是无法逃避的。"参见席泽宗:《论康熙科学政策的失误》,《自然科学史研究》2000 年第 1 期。

与世界南辕北辙,与近代科技革命擦肩而过。马克思说:"这是任何诗人都不敢想的一种奇异的对联式悲歌。"①无疑,在历史的盛衰之变面前,康熙帝难逃其咎;但是,决绝地用"扼杀进步"为其盖棺定论,恐怕也有失公允。

康熙帝是明末清初"西学东渐"中身份、地位最特殊的关键人物,厘清他在这场中西文化交流中的功绩和疏漏,不仅仅是对一个历史人物的交代,更是在深入探索研究这一时期科学、宗教、政治、社会等诸多问题时不可绕过的重要环节。然而,评判一个"一言兴邦、一言丧邦"式的精英人物却并非易事,尤其从科学发展的角度审视康熙帝,除了需要超越古今种种偏见与疏隔,更不能忽略他极为特殊的身份和清初中西文化交流、碰撞的复杂情形。

传教士入华的根本使命自然是传播宗教,然而中国社会的复杂情形又使得他们不得不采用"学术传教"的特殊策略,其结果是:"本来传教士想用科学引诱人们走进信奉天主的教堂,结果却使中国人在科学的天地里驻足,流连忘返。"②明清之际传入的西方科学同中国传统科学之间本身即有着巨大的民族性差异,又因中国传统科学向来并无独立地位,一直是涵纳于中国传统文化体系之内的,所以,西方科学的传入,同西方宗教的传入相同,自始至终都面临着与中国传统文化,尤其是儒家文化的碰撞与调和。

由于康熙帝身份的特殊性,当将其看作一个科学活动家从而考察此一时期科学的传播与发展时,便遇到了比上述情况更加复杂的问题,即在考量西方科学、西方宗教、儒家文化等诸多因素之间的遭遇和碰撞的同时,必定不能忽略政治、种族等更加复杂的因素。更加值得玩味的是,康熙帝作为一个少数民族出身的帝王,在面对汉族文化(儒家文化)与西方文化(西方科学、宗教)的时候,定然有与明末君主、士大夫迥然相异的感受,即又出现了更加复杂的矛盾点与调和点。

---

① 《马克思恩格斯选集》第 1 卷,人民出版社 1995 年版,第 716 页。
② 陈卫平:《第一页与胚胎——明清之际的中西文化比较》,上海人民出版社 1992 年版,第 92 页。

上述种种,皆说明康熙帝是研究明末清初西学东渐诸多问题不可绕过的一个关键人物。康熙帝在学习西方科学的过程中,孜孜不倦、坚韧刻苦,最终在天文、数学、农业、地理、医学等领域都颇有造诣。另外,他还教导科技人才,主编大型科技丛书,万几之暇亲著科学文章,组织人员进行全国地理大测量并绘制舆图⋯⋯面对康熙帝数十年的种种努力,似乎很难用一句"把科技视为宫廷玩物"将其草草掩过。

实际上,对康熙帝的科技活动进行功过评价并非最为重要的问题,因为所有评价的前提皆有赖于厘清康熙帝与科学,尤其是与西方科学的关系,即回答这一根本性的问题:"作为一个帝王而非格物专家,康熙帝对西方科学缘何如此钟情?"而这一问题势必又会引发一系列的新问题:康熙帝学西学、用西学难道仅仅是为了"兴趣"和"炫耀"吗?西方科技在康熙帝的内在信仰体系、知识体系中处于何种位置?与其一直服膺的儒家文化有何种碰撞与融合?在康熙帝一生学西学、用西学的过程中,他对西方科技的态度发生过怎样的变化?这些变化仅仅是受外部因素的影响,还是由康熙帝自身的信仰体系所决定?康熙帝对清初科技的发展产生了何种影响?"礼仪之争"以后,西方科技在中国的传播归于沉寂,康熙帝对此应负什么样的责任?在18世纪世界历史的洪流之中,康熙帝的科技政策是否导致了中国与近代科技文明擦肩而过?⋯⋯

本书所做的研究即是围绕以上所述的核心问题而展开的,并试图通过"康熙帝与西方科技"这一特殊视角来探索明末清初西学东渐背后的更深层次的问题。

第二节　前人的相关研究成果及其特点

康熙帝有历史上在位时间最长的帝王、"康乾盛世"的开创者、杰出的政治家和军事家等多种炫目的特殊标签,所以,对康熙帝的研究一直是学界关注的热点,其研究视角有政治、经济、文化、宗教、军事、科技等诸多方面。

本书主要研究的是康熙帝与西方科技的关系问题;但要对该问题做一个全面、深入的探讨,需要将视域扩展到康熙帝内在信仰体系的理念世界中,寻求其与西方科技的真正联结点。

　　基于此根本诉求,本书所关注的前人研究成果主要可分为两部分:其一是关于康熙帝"道治合一"圣王理念问题的研究;其二是关于康熙帝科技活动问题的研究。对于这两类问题,学界均有众多优秀研究成果,本书亦是在前人探索的基础之上获得启发,并发现其不足之处,从而试图通过一个新的视角做进一步的拓展与深化。

一、关于康熙帝"道治合一"圣王理念问题的研究

　　关于"道统"与"治统"及两者之间分合的历史源流的研究,中国哲学史、中国思想史领域均有涉及,此不赘述;与本书主题直接相关的是一系列关于清初帝王"道统观"、"道统形象"的探讨。这些研究通常会涉及两个问题:一是清初帝王将道统与治统合二为一的努力;二是道统与治统结合成功之后,儒者地位的变化。

　　黄进兴在《优入圣域:权力、信仰与正当性》一书中,对清初政权意识形态进行了探讨,认为清初帝王,尤其是康熙帝通过一系列思想、文化上的措施,使得"道统"与"治统"不仅从象征上,而且从实质上合而为一;然而,这种情形致使士人失去了批评政治权威的理论立足点,从而付出了昂贵的代价。在这个主题中,黄进兴特别探讨了康熙帝与道统的关系问题,关注到了"经筵"讲读、晋谒孔庙、研读四书五经等衔接治统与道统的努力。[①]

　　葛兆光的《中国思想史》多处谈及道统与治统,即知识权力与政治权力之间的博弈,认为:士人原本占据着对超越一切自然及社会存在的"理"的诠释、理解、实践的话语权,并以此来对皇权进行制约;然而,清代皇权对于真理的垄断,"治统"对于"道统"的兼并,致使清代学术思想呈现一种失语

---

　　① 黄进兴:《优入圣域:权力、信仰与正当性》,陕西师范大学出版社 1998 年版。

的状态,士人失去了与政治权力分庭抗礼的能力。①

　　王胜军的《清初庙堂理学研究》将清初参与到国家意识形态中的一部分理学视为"庙堂理学",认为其由道统、治统、学统三部分构成;通过理学名臣的道统著述和官方的御纂经典,清廷的合法性进一步得到论证,最终儒者所肩负的道统集中到了帝王手中,形成了道统与治统合二为一的局面。②

　　刘方玲的《清朝前期帝王道统形象的建立》是该研究领域中一个较为深入、全面的研究成果,对清代前期帝王道统形象的建立过程及其影响做了细致分析,特别探索了康、雍、乾三帝是如何通过对权力和知识的掌控来建构自身的道统形象的。该文用史学的路数详细地考察了以下问题:清初帝王如何在孔庙祭祀的规格、态度、礼仪上加以突破,从而利用这一仪式来赋予自身以道统继承者形象;清初帝王如何通过经筵日讲认识到儒家道统的作用,并通过研习经籍获得士大夫的认同;清初帝王如何通过御制典籍来重新解释儒家经典,重构满族政权的正当性,操纵道统话语权。③

　　总的来说,学界关于康熙帝"道治合一"圣王理念的关注度并不高,在为数不多的这类研究当中,关于康熙帝如何获得道统形象的努力途径,一般被概括为经筵日讲、御制典籍、孔庙祭祀、理学治国等,康熙帝通过这些努力夺取了一直被儒者所掌握的道统话语权,形成了"道治合一"的局面。然而所有关于康熙帝"道治合一"圣王理念的研究,均未涉及科学技术,尤其是西方科技在其中所起到的重要作用。本书的研究,就是对以上研究所做的一个重要补充。

二、关于康熙帝科技活动问题的研究

　　虽然本书将西方科技纳入康熙帝塑造自身"道治合一"圣王形象的过程中进行探讨,但研究的特定视角还是康熙帝与西方科技的关系问题,所以

---

①　葛兆光:《中国思想史》(下),复旦大学出版社 2009 年版。
②　王胜军:《清初庙堂理学研究》,湖南大学专门史专业博士学位论文,2011 年。
③　刘方玲:《清朝前期帝王道统形象的建立》,南开大学专门史专业博士学位论文,2010 年。

对康熙帝科技活动的考察是本书关注的最基本方面。

相较于政治、军事、文化等,从科技角度对康熙帝所做的研究虽一直不曾间断,但并不深入、系统,主要可以分为以下四类研究成果。

(一) 专题研究成果

笔者通过对相关研究资料进行较为全面的搜集、整理,发现对"康熙帝与科学"专题进行独立研究的"小热潮"共有两次,第一次为 20 世纪 80 年代初期,第二次为 2000 年左右。

20 世纪 80 年代初期,较为有代表性的研究成果有闻性真的《康熙与自然科学》、郭永芳的《康熙与自然科学》、潘吉星的《康熙帝与西洋科学》等。这些学术论文对该专题的论述各有侧重。

闻性真对康熙帝在数学、地理、医学、农学等方面的成就做了细致的研究,指出应该重视康熙帝在自然科学上的成绩与贡献,当然,面对康熙帝在推动中国近代科技发展方面的种种遗憾,闻性真认为这是时代和阶级为其设置的重重障碍,所以,"康熙是一个具有双重时代烙印的历史人物"。[1]

潘吉星依据白晋、张诚等法国传教士关于康熙帝的报道,梳理了康熙帝研究西方科学的情况,肯定了其"几暇格物"的精神,并总结了康熙帝在引进西方科技方面的经验教训。潘吉星认为,康熙帝未能在建立科研机构、培养本国科研和外语人才方面采取更多的措施,故而在科技发展方面只能依赖西方传教士。这些传教士存在着知识面和宗教方面的种种限制,却垄断了西方科技的传播,令其在中国的发展走了很长的一段弯路。康熙帝在学习、利用西方科技方面的诸多不足,是时代与阶级局限的结果。[2]

郭永芳除了对康熙帝在自然科学方面的学习和实践活动进行梳理之外,还特别将其与俄国彼得大帝做了比较,将康熙帝评价为科技知识渊博程度方面的"巨人"与发展公领域科技事业方面的"侏儒",认为康熙帝在兴办

---

① 闻性真:《康熙与自然科学》,载左步青选编:《康雍乾三帝评议》,紫禁城出版社 1986 年版,第 159—209 页。

② 潘吉星:《康熙帝与西洋科学》,《自然科学史研究》1984 年第 2 期。

科研机构、改革教育制度等方面与彼得大帝有不小的差距。①

席泽宗的《论康熙科学政策的失误》开启了第二个研究小热潮。此文曾是 20 世纪末召开的国际东亚科学史大会的特邀报告,席泽宗总结了一系列康熙帝在科学政策上的失误,例如用人及人才培养方面、制造科学仪器方面、"西学中源"说的大力倡导方面等,认为康熙帝虽然面对一个非常好的发展科学的机遇,却因为政策失误,使这个机会丧失了。新加坡《周日时报》曾以"中国科技滑坡的新罪人"为题报道此文,这也是席泽宗的一个基本观点,即认为康熙帝"使中国失去了有可能在科学上与欧洲近似于'同步起跑'的机会"。②

此后,除了出现一系列将康熙帝同彼得大帝、路易十四的比较文章之外,还有赖玉芹的《论康熙帝的科技管理思想及举措》(2001)、闫大伟的《论康熙的西学观》(2002)等文章,都是通过对康熙帝所组织和参与的科技活动的全面梳理,从而对其科学思想、科技观、科技管理政策等进行功过评价。

以上直接以"康熙帝与科技"作为主题的研究虽有两个时间段的热点,但总体来说,在学界对相关问题的研究领域中只占较小的部分;更多的学者是基于其他的视角,将"康熙帝与科技"的研究纳入一个更广的范畴之中。

（二）作为附带研究内容的成果

1. 作为历史人物思想、功绩评述的附带研究内容

蒋兆成、王日根所著《康熙传》一书中,有题为"尊教徒、学西方、重国格"的部分,将康熙帝处理"清初历狱案"从而引发科技兴趣评价为"唯是是从",肯定了其在随后的一系列科技方面的贡献:编修《律历渊源》、测绘《皇舆全图》、发掘并培养科技人才、对传教士用其所长为王朝服务等。该书一方面肯定了康熙帝学习西学的难能可贵,另一方面认为他本人未曾摆脱"闭关锁国"思想的束缚,看不到西方科学对经济发展的巨大作用,虽开启

---

① 郭永芳:《康熙与自然科学》,《自然辩证法通讯》1983 年第 5 期。

② 席泽宗:《论康熙科学政策的失误》,《自然科学史研究》2000 年第 1 期。

了一个盛世,却错失了许多良机。①

孟昭信所著《康熙评传》在"业绩篇"中单列一章,题为"重视学术的发展与科技成就的应用",认为康熙帝对西方文化的态度是:"倾心学习,为我所用,在促进中外科技交流的同时,护卫国家的独立主权,对于不利于巩固统治及不适合中国国情者坚决取缔。"②

陈捷先所著《康熙写真》在"康熙皇帝与西洋文化"一章中,通过介绍康熙帝对西方科技的接触、学习,及其对西方传教士专长的利用,认为康熙帝与传教士的交往是相互利用、各有目的的。在以理学为背景的文化传统下,康熙帝只能选择西学当中侧重实用的部分,而无法深入至制度等内核层面。所以,西方科技是难以在当时的中国深入发展的。③

在这一类型的研究中,宋德宣的《康熙思想研究》较为典型。与以往的评述类研究不同,他是从思想史的角度,尤其以哲学思想为主,全面系统地分析康熙帝。尤为值得注意的是,宋德宣将"康熙的科技思想"单列为一个专题进行探讨,从农学、地理学、天文历法、数学、信息思想等几个学科分类阐述,并概括出康熙科技思想的特点。在对康熙帝研习西方科学的评价方面,通过考察康熙帝所研究的科学的内涵及其性质,认为西方传教士传授给康熙帝的科学知识,并非欧洲当时的先进成果,而只是教会认可的一些东西。康熙帝没有使中国社会实现近代化,是一种历史的必然。④

刘大年的《论康熙》也是颇具时代特色的研究成果,发表的当年曾引发国内外一系列的评论和争论。该文对康熙帝这一历史人物出现的国内外形势背景、个人作用、阶级局限性做了若干分析。相较于以往的研究,刘大年对康熙帝的"闭关政策"及其同传教士的交往问题提出了新的观点,认为"闭关锁国"政策并非导致中国科技落后的真正原因,因为康熙帝以后的西

---

① 蒋兆成、王日根:《康熙传》,人民出版社 1998 年版,第 410—438 页。

② 孟昭信:《康熙评传》(上),南京大学出版社 1998 年版,第 205—222 页。

③ 陈捷先:《康熙写真》,浙江文艺出版社 2003 年版,第 203—208 页。

④ 宋德宣:《康熙思想研究》,中国社会科学出版社 1990 年版,第 144—198 页。

方传教士带来的只是经院哲学支配下的科学,而并非真正先进的科学思想。对于康熙帝科技活动的局限性,刘大年认为这主要是由当时的社会经济条件所决定的,当然,康熙帝本人如果能够再英明一些,也是可以利用西方先进的工业制造技术促进中国社会的发展。[①] 袁良义的《康熙的历史地位——对刘大年同志〈论康熙〉一文的商榷》在对康熙帝个人作用的评价方面,提出了不同看法,认为康熙帝难以超越时代和阶级的局限性,像彼得大帝那样派人远赴重洋带回先进的西方科技,并且康熙帝即便如此做了,在中国当时的社会发展状况下,欧洲先进的科技也不大可能生根、发展。[②]

　　以上这一类研究的特点是:视域较宽泛,目的是为了评价康熙帝一生的功过,而这当中包含了政治、经济、文化、军事、科技等许多侧面。所以,"康熙帝与科技"这个专题只是历史人物评价中的一小部分,只是为了服务于历史人物评判的整体。因此,此类研究较多的是从社会进步发展的角度来评价康熙帝的功过,而对康熙帝与西方传教士互动的细节,尤其是康熙帝学习西方科学背后的众多政治、文化、宗教因素等问题关注较少。

　　2. 作为明清之际中西文化交流的附带研究内容

　　吴伯娅的《康雍乾三帝与西学东渐》是从史学的视角研究清初康雍乾三帝与中西文化交流的典型性著作。吴伯娅以研究当时的国际形势和清廷的对外政策入手,着重考察了康雍乾三帝对天主教的认知和对策,其中,在位时间最长、与西方传教士互动最为密切的康熙帝是其研究的重点。通过对康熙帝科技活动的考察,吴伯娅形成如下观点:康熙帝虽然以九五之尊亲研西学,推动了中西文化的交流与发展,但不能将康熙帝研习西学的效果太过夸大,康熙帝只是一个爱好科学的政治家,而非职业的科学家。通过对康熙帝研习西学的动机与目的、研习西学的科目和效果进行分析,可以看出,康熙帝虽亲躬西学,却又压抑民智,最终倡导"西学中源"说,更加显示了其

---

① 刘大年:《论康熙》,《历史研究》1961 年第 3 期。
② 袁良义:《康熙的历史地位——对刘大年同志〈论康熙〉一文的商榷》,《北京大学学报》1962 年第 2 期。

思想逐渐保守,对外政策也由较为开放转向封闭,使清人更加盲目自大、故步自封。①

　　谢景芳、赵洪刚的《明清兴替史事论考》也是从史学角度对明末清初中西文化交流进行的探究,认为:清初西学东渐的成就是远远逊色于明末的,传教士们急于关注的仅是传教的目的,而并不关心西方科技在中国的传播与发展。康熙帝对西学的态度是貌似大力提倡,实质是抑制其扩展。②

　　李亚宁的《明清之际的科学、文化与社会》通过对明清之际中西文化关系的考察来探索"明清之际"的近代性意义,以及西方传教士对于中国科学传统的影响,以发掘社会、文化、科学的内在关联。李亚宁将康熙帝视为"当时中国提倡和传播西方科学知识的一个积极组织者和科学的社会体制的创立者",但也正是因为皇权干预学术,尤其是康熙帝以个人兴趣来对待学术,致使当时宫廷中研习科技的"科学精神"丧失殆尽,科学技术成为为政治直接服务的工具。③

　　此一视角的研究,还要特别指出韩琦的一系列研究成果,如《科学、知识与权力——日影观测与康熙在历法改革中的作用》(《自然科学史研究》2011 年第 1 期)、《君主和布衣之间:李光地在康熙时代的活动及其对科学的影响》(《清华学报》(新竹)1996 年第 4 期)、《白晋的〈易经〉研究和康熙时代的"西学中源"说》(《汉学研究》1998 年第 1 期)、《"自立"精神与历算活动——康乾之际文人对西学态度之改变及其背景》(《自然科学史研究》2002 年第 3 期)等,大多是在掌握大量国外一手资料(法国耶稣会士的信件、伦敦皇家学会图书馆馆藏档案、梵蒂冈教廷图书馆馆藏手稿等)的基础之上,对康熙时期西方传教士、君主、士大夫之间的科学互动进行的考察,其特点是从"小处着眼",以中西史料相互证明,最终将知识传播的历史过程纳入更大的文化脉络中深入研究,在各种人物的交往中考察政治、宗教、社

---

①　吴伯娅:《康雍乾三帝与西学东渐》,宗教文化出版社 2002 年版。
②　谢景芳、赵洪刚:《明清兴替史事论考》,吉林人民出版社 2008 年版。
③　李亚宁:《明清之际的科学、文化与社会》,四川大学出版社 1992 年版。

会和科学的关系。韩琦认为,科学在康熙帝的权力运作过程中,扮演了十分重要的角色,所以,科学不仅是康熙帝的业余爱好,更是其政治生命的重要部分。这在研究康熙帝与西方科技的关系问题上,可谓一个重要的观点,即将"科学、知识与权力"的研究结合了起来。

上述研究视角侧重从"史"入手,细致考察康熙帝与西方传教士的互动,及其对西方科学、西方宗教的态度,以小处入手,最终落脚于考察明清之际的科学、文化与社会。其中特别值得重视的是,此类研究对与历史人物有关的材料的挖掘、整理、分析,较其他视角的研究更加深入、细致。

(三) 作为明清科技发展史中特殊门类的研究成果

还有一类研究成果,不是综合性地研究康熙帝与整个科学技术的关系,而是分门别类地研究康熙帝在数学、天文、地理、农学等特殊领域的表现。

田森的《中国数学的西化历程》在探讨 16 世纪末到 19 世纪末这三百年间中国数学的发展历程时,特别指出对清代数学研究影响最大的人物当属康熙帝,他组织成立专门的皇家科学机构,编写大型数学著作等。正是通过康熙帝,传教士为其讲授的部分西方几何学和代数学知识才得以在中国传播开来。[①]

赵晖的《西学东渐与清代前期数学》认为,康熙帝作为入主中原的异族统治者,在吸收外来文化上表现出极大的主动性,他以开放的态度对待西学与西方传教士,使得中西交流在康熙朝保持着一个较高的水准。其中,一些较新的西方历算学知识在这一时期传入中国,如对数、三角学等,并且,中国数学家通过《数理精蕴》对西方科学成果有更多的了解和掌握。但是,由于康熙帝本身的种种局限及传入西学存在的不足,清初西学传播未能引发中国传统数学体系的嬗变。并且,因为清初西学传播的高潮由康熙帝一手造成,这同样导致了西学的传播缺乏坚实的基础。[②]

---

① 田森:《中国数学的西化历程》,山东教育出版社 2005 年版。
② 赵晖:《西学东渐与清代前期数学》,浙江大学出版社 2010 年版。

钱宝琮主编的《中国数学史》,对《数理精蕴》的编纂过程及其各卷的内容进行了梳理,认为这部五十三卷的数学百科全书,因为有着康熙帝"御定"的名义,获得了广泛的流传,从而掀起了乾嘉时期数学研究的高潮,它在中国数学史上的地位,和徐光启《几何原本》、李之藻《同文算指》等书相比,是后来居上的。①

除此之外,还有一系列科技通史类的著作。管成学、王兴文的《简明中国科学技术通史》,对康熙帝的科技活动与成就进行了归纳概括,对康熙帝本人的科技著作《康熙几暇格物编》一书内容、价值做了评判。② 卢良志的《中国地图学史》,通过对《皇舆全览图》实测的历史背景、实测次序和范围、测量方法和经纬度的确定、科学价值和历史意义等问题的论述,展示了康熙帝在自然科学探索方面的成就。③

另外,还有宋德宣的《康熙在我国水稻栽培史上的贡献》(《沈阳农学院学报》1985 年第 3 期);丁延景、谭德隆、罗寿枚、李西湖的《清康熙年间我国一次大规模地理经纬度和全国舆图的测绘》(《广东师院学报》1977 年第 2 期);冯宝琳的《康熙〈皇舆全览图〉的测绘考略》(《故宫博物院院刊》1985 年第 1 期);席臻贯的《从康熙皇帝的音乐活动看〈律吕正义〉》(《音乐研究》1988 年第 3 期);吴伯娅的《康熙与〈律历渊源〉的编纂》(《故宫博物院院刊》2002 年第 4 期)等都是从某一单纯的科技领域,如数学、农学、地理学等对康熙帝所从事的科技活动所做的考察。

以上这一类著作或者论文的目的和重点,是对科学技术的某具体领域的研究,因康熙帝的特殊身份及其在天文、数学、地理、农学等领域的特殊贡献而特别加以论述。这些具体科学学科的研究成果,对科学活动研究较细,论证较多,但对康熙帝的科技政策、科技观或功过评价方面关注较少。

---

① 钱宝琮主编:《中国数学史》,科学出版社 1964 年版,第 268—281 页。
② 管成学、王兴文:《简明中国科学技术通史》,吉林人民出版社 2004 年版。
③ 卢良志:《中国地图学史》,测绘出版社 1984 年版。

（四）西方传教士眼中的"康熙帝与科技"

还有一类特殊的、重要的、珍贵的研究视角，就是西方传教士对康熙帝的评述。这些评述散见于西方来华传教士的奏折、书信、日记等材料当中。因为相关传教士大多做过康熙帝学习西方科技的老师，所以，其中许多材料都涉及康熙帝学习西方科技及他们与康熙帝互动的过程。此一视角的特点是直观、真实、生动，大多是对康熙帝科技活动的细节描述。

康熙帝学习西学的启蒙老师、比利时籍传教士南怀仁（Ferdinand Verbiest，1623—1688）的《鞑靼旅行记》，记录了陪同康熙帝出巡东北的整个过程，其中提到：他的任务是用科学仪器观察并记载大气和土地的情况，及所到之地的纬度、磁针差度、山的高度等；另外，要随时回答康熙帝关于天文、气象等方面的询问。这篇旅行记是从西方传教士的视角，对康熙帝生活细节的记录，展现了康熙帝与传教士在科技活动方面的许多互动过程。①

法国传教士白晋的《康熙皇帝》，原本是其返回法国期间给国王路易十四递交的奏折，于1697年在巴黎出版，并在当时引起极大的轰动，掀起一阵"中国热"。白晋通过许多生活细节，记录了康熙帝向其学习天文历法、医药、化学、药学等西方科学知识的过程，还对康熙帝的品德、性格、学习态度等各方面做了生动的刻画。②

法国传教士热比雍（Jean-Francois Gerbillon，1654-1707，汉名张诚）的《张诚日记》，记录的是他伴随康熙帝或大臣出行蒙古和关外地区的旅行日记，前后一共八次。张诚是1685年受法国国王路易十四派遣至中国的"国王数学家"，曾经为康熙进讲西方天文学、数学、哲学等知识，常随康熙外出巡行。这些日记记录了巡行沿途的地势、人民的生活面貌，及其亲身经历的清廷的重要政治活动，当中亦有很多反映康熙帝科技活动的侧面。③

---

① ［比］南怀仁：《鞑靼旅行记》，吉林文史出版社1986年版。
② ［法］白晋：《康熙皇帝》，黑龙江人民出版社1981年版。
③ ［法］张诚著，陈霞飞译：《张诚日记（1689年6月13日—1690年5月7日）》，商务印书馆1973年版。

法国传教士洪若翰（Jean de Fontaney，1643—1710）写给法国国王路易十四的信中，对于康熙帝苦心学习西方科学的过程也有多处体现。洪若翰还对康熙帝关注欧洲医药的事例有详细列举，例如反复试验法国国王分发给穷人的药粉，对奎宁的制作过程、疗效进行研究探索，等等。①

以上这些记录涉及传教士在清宫廷与皇帝、皇子、大臣互动的具体事例，对研究康熙帝与传教士的关系，士大夫对传教士的态度，康熙帝对天主教的态度等问题，都有直接的参考意义。

第三节　本书所要解决的主要问题

一、康熙帝学西学、用西学的动机问题

这是本专题研究的一个最先面临的，也是最根本的问题。康熙帝之所以享有"科学家皇帝"的美誉，并因此在这方面成为历代帝王之"最"，一个重要原因无疑是因为"皇帝"与"科学家"两种身份原本并无任何必然的关联。历代帝王中不乏爱好特殊者，如明熹宗朱由校痴迷木工，南唐国君李煜擅长作诗填词，等等。然而，这些均是私人领域的兴趣。很显然，康熙帝对西方科学的学习和利用，已经远远超出了这个范畴，涉及了公领域。

（一）关于康熙帝动机的几种常见说法

1."兴趣"说

关于康熙帝学西学、用西学的动机问题，最常见的一种说法是他对西学的强烈"兴趣"。然而，在康熙帝延续数十年的统治中，从"杨光先历狱案"中他裁定西法获胜、令传教士重新入主钦天监开始，到他在天文、地理、军事等领域广泛引入西方科技，再到最终提出"西学中源"说，西方科技早已浸透到了皇权统治的各个方面，与政治、经济、宗教、民族、文化发生着密切的联系。

———————

① ［法］洪若翰：《康熙与教会》，载［法］白晋等：《老老外眼中的康熙大帝》，人民日报出版社 2008 年版。

这一切显然不能简单化地归之于"兴趣",或者说,兴趣绝非其最根本的动力。

2."炫耀"说

学界对康熙帝学西学、用西学动机问题的探讨,除了"兴趣说",还有"炫耀说",这也是较为常见的一种解释。此种说法主要源于康熙帝多年来常常利用西方科技来显示自身学识、批评儒者的事实。的确,诸如康熙帝在南京观象台谴责儒者、在乾清门当众训导大臣等一系列事例,让"炫耀说"的论据显得颇为丰富,似乎可以由此得出如下结论:康熙帝学习科技的根本目的不是为了发展科技,而是利用科技来达到炫耀自己、批评他人的目的。所以,康熙帝对西方科技的探究并不深入,并将其视为一己之私,禁锢在宫廷之内,最终阻碍了西方科技的传播和发展。

但是,将康熙帝学西学、用西学的动机仅仅归结为"炫耀"心理,未免太简单化,不免片面、武断之嫌。

3."断人是非"说

康熙五十二年(1713年),康熙帝曾对皇子们提及:

> 尔等惟知朕算术之精,却不知我学算之故。朕幼时,钦天监汉官与西洋人不睦,互相参劾,几至大辟。杨光先、汤若望于午门外九卿前当面赌测日影,奈九卿中无一知其法者。朕思已不知,焉能断人之是非?因自愤而学焉。①

由此,"断人是非"便被当作康熙帝学习西方科技的出发点和最终目的。但是,已有学者指出,"康熙发奋学习西方历法之始或许只是出于'断人是非',那么其后他广泛涉猎西方西学、化学、天文学、地理学、数学、哲学、音乐、测量、制炮术等方面的知识,恐怕就难说其目的是'断人是非'了,他于西方科学文化实有一种亲和心态和致用心态"。②

---

① （清）爱新觉罗·玄烨：《庭训格言》,中州古籍出版社2010年版,第119—120页。

② 萧云岭：《中西文化冲突中康熙心态析——从"扬汤之争"到"礼仪之争"兼论中国近代化问题》,《井冈山师范学院学报》(哲学社会科学版)2001年第4期。

可是,康熙帝为何对西方科技有"亲和心态"?西方科技又能够作何之"用"?这些问题,都没有得到进一步的解答。

(二) 康熙帝动机的深层分析

这个问题应当分两个层面来讨论:第一个层面是康熙帝开始接触西方科学的起因;第二个层面是其日后对西方科学孜孜以求、大加利用的目的。

康熙帝开始接触西学,无疑是受了"杨光先历狱案"的触动,认为对西方科学不了解,便不能"断人是非"。但即便在这个层面上,"断人是非"的背后亦有众多复杂因素。例如,天文历法在中国古代社会的作用十分重要,朝廷厘定正朔,并向所统治的地区和从属的周边政权颁赐历法,宣布正朔,是确定天下一统的大事。清朝作为少数民族建立的皇朝,要在各个方面确立自己政权的正当性、权威性。所以,"断人是非"不仅是学术需求,还是政治需求。正是由于这样的缘由和契机,康熙帝开始接触西学。

然而要考察第二个层面的原因,即他日后花费大量的精力学西学、用西学,编纂科技典籍、建立科学机构,就要根据康熙皇帝的出身、知识背景、文化政策、治国需求、同士大夫的关系等来综合考察。

很显然,要探知康熙帝学西学、用西学的动机,即是要厘清康熙帝与西方科技的关系问题,其首要并且必要的一点,就是要将西方科技纳入当时特殊的时代坐标中去考量。康熙帝与西方科技的关系,实际上是皇权统治与西方科技的关系;而皇权统治又是深嵌入中华文化传统、尤其是儒家文化传统的背景当中的,这又涉及了西方科技与儒家文化传统的关系问题。

有学者指出,康熙帝对西方科技的崇尚,涉及知识与权力的关系问题,西方科技"成为他政治生命的重要部分,在权力的运作中扮演了十分重要的角色";"他试图藉欧洲新知来达到控制汉人和洋人之目的"。[①] 这无疑是极为深刻的分析,即指明了康熙帝的目的并不在科学技术本身,而在于政

---

① 韩琦:《科学、知识与权力——日影观测与康熙在历法改革中的作用》,《自然科学史研究》2011 年第 1 期。

治权力的巩固。然而,分析至此,又出现了一系列的新问题:康熙帝掌握了西方科技,为何就能够控制汉人和洋人呢？帝王掌握科技知识,为什么就能够强化自己的权力呢？康熙帝之前的中国历代帝王,并未掌握科学技术、尤其是西方科技,难道他们都不能、都不曾有效地控制臣民？换句话说,为什么掌握科学技术对于巩固清室皇权是必要的？这些都是必须提出、有待深入回答的。

通过对康熙帝学西学、用西学的历程进行细致梳理可见,西方科技在其政治生涯中有着不同的功用。简单来说,他将西方科技用之于天文历法、地理疆域、军事战争、农田水利等领域,维护的是其"治统",体现的是"君"的角色;而他努力掌握科技知识,训示儒者,充当"学术权威",并御制科技典籍,占据文化经典的解释权,维护的是其"道统",体现的则是"师"的角色。康熙帝之前,君师分立,历代帝王只有作"君"的角色,而无作"师"的诉求,所以无须充当知识权威、夺取道统的话语权。而康熙帝自称:"朕惟天生圣贤,作君作师。万世道统之传,即万世治统之所系也。"①其这种既作"君"又作"师"、既执掌"治统"又承担"道统"的圣王理想,使其在政治、文化层面的诉求与前朝帝王迥然相异。

总之,康熙帝学西学、用西学,源于其将治统与道统合二为一的根本诉求。而其为何产生此种诉求,西方科技又在其追求"圣王"理想的过程中发挥了怎样的作用,将是本书所要着重论述的内容。这涉及两个方面的问题:一是科学技术与皇权"治统"的关系;二是科学技术与儒家"道统"的关系。

二、科学技术与皇权统治的关系问题

传统意义上的皇权统治,指的是君王对国家政治权力的掌控,即"治统"。在此范畴内,科学技术的重大作用一直都是不言而喻的,例如:"敬授民时,需要天文历法;'安民富而教之',需要农学;'疗君亲之疾,救贫贱之

---

① （清)爱新觉罗·玄烨:《康熙帝御制文集》,台湾学生书局1966年版,第306页。

厄',需要医学;治国安邦,需要地理学。"①一国之君要有效地维护国家的统治,以巩固其"治统",都不会忽视科学技术在天文、地理、农业、水利等涉及"国计民生"领域的重要作用。

对于康熙一朝来说,由于康熙帝"道治合一"的圣王诉求,所以皇权统治不仅仅是指"天子之位"的"治统",还包括了"圣人之教"的"道统"。在儒家传统文化的背景下,道统所象征的是儒家的文化价值认同。"从总体上看,儒家讲求道、为学、致用都要求研究自然,都离不开学习和研究科技、运用科技,因此,儒学融科技于一体,具有科学的内涵。""正因为儒学具有科学的内涵,包含有研究自然、学习和研究科技的要求,儒家自一开始就把研究自然、学习和研究科技当作建立和发展儒学体系所必不可少的一项工作。"②可以说,科学技术在儒学传统中有着重要的位置,儒学传统中不仅有科技知识的内容,有其形下学的知识论建构、形上学的本体论建构,还有具体的运用体系。

具体到儒学传统中的"道统"来说,其于科学技术的关系就更加密切了,执掌道统的"圣王"需要具备"仁"、"智"两个方面,而科技知识及其实践就包含在"智"当中。也就是说,要成为"道治合一"的圣王,不仅要在"治统"范畴之内大力运用科学技术,维护国计民生,更重要的是,要在"道统"范畴之内学习、研究科学技术,这样才可以实现不仅作"君",更要作"师";不仅占据"治统",更要执掌"道统"。

当然,"康熙帝与科技"专题之所以具有独特的研究价值,不仅仅是康熙帝对道统的追求致使科学技术与皇权统治的关系变得更加复杂,还是因为明末清初西方科技入传中国,给中国古代科技带来了极大的冲击,也使得皇权统治面临着前所未有的全新境况。

总之,当此一时期的"科学技术"注入了西方科技的成分,就要面对西

---

① 马来平:《儒学与科学》,《人民日报》2014 年 7 月 18 日,第 7 版。

② 乐爱国:《儒家文化与中国古代科技》,中华书局 2002 年版,第 292 页。

学与中学的激烈碰撞；当此一时期的"皇权统治"增加了对道统的渴求，就要解决儒学传统对西方科技的包含与容纳。

三、西方科技与康熙帝"道统"形象的塑造问题

康熙帝所要追求的是"道治合一"的圣王理想，其实现的路径自然是一方面维护、巩固自己原本拥有的"治统"，另一方面努力从儒家士大夫手中夺取历代帝王①都不曾占有的"道统"。很显然，比起维护已然拥有的"治统"来，夺取从未拥有的"道统"的任务则要艰难得多。所以，对一个帝王来说，实现"道治合一"的圣王理想，主要就是指的通过一系列努力来获得"道统"的形象。

因为"道统"所象征的是儒家文化的价值认同，儒家士大夫一贯通过"运用超越政治权力的文化知识"来对皇权进行制约，"'治统'与'道统'之间，也就是政治权力与知识权力之间的权势重心之争"②。所以，康熙帝要想从儒家士大夫手中夺取"道统"，就需要成为文化、知识方面的权威。这无疑是一条异常艰难的道路，而康熙帝之所以迎难而上，与寻求清朝政权的合法性不无关联。清政府虽然掌握了国家的政治上的统治权，然而拥有文化、文明上的合法性，才是其政权最终稳固的关键所在。所以，康熙帝对文化知识有着超乎寻常的渴求。

于是，康熙帝一方面以极大的热情、超越常人的勤奋去不停地汲取文化、知识，另一方面依靠政治权力，凭借其日渐增长的学识在文化上对抗儒士。在这个过程中，他采取了一系列的手段和措施，包括宣示自己的信仰，维护道统谱系传承；更包括控制经典的解释权、重新阐述真理。相比于前者，后者具有更大的威力。因为儒士阶层不掌控最高的权力，他们对皇权的

---

① 此处提及的"历代帝王"特指"三代以后"（即道、治分离以后）的中国历代封建君主，具体论证参见本书第一章第一节："道统与治统的同一和分立"。

② 葛兆光：《中国思想史》（下），复旦大学出版社 2009 年版，第 181 页。

制约源于他们"独占着对'理'的诠释、理解和实践的能力"①,而"皇帝不能拥有对'理'的审判的豁免权",所以,不得不与士大夫共治天下。② 实际上,在儒学传统中,"道统"始终有着较之"治统"的优先性。所以,从儒士手中夺取对真理的诠释权,是康熙帝最有力度的行为。

上述在康熙帝身上所体现的知识与权力的关系,学界均已有所涉及;但迄今对此问题的研究,皆忽视了西方科技在其中所起到的重大作用。从某种意义上说,康熙帝通过对西方科技的学习、运用所产生的效果,甚至要大于他对传统儒家经典的学习和运用。

首先,他拥有得天独厚、独一无二的条件和资源,这本身就是对儒者的超越。由于明清易代,以及清初历法之争所带来的影响,西方科技在清初的传播境况已经与明末全然不同。明末,许多儒家士大夫都熟知西学,其中徐光启、李之藻、杨廷筠等人都达到了较高的水准;而到了清初,儒士中熟悉西方科技的人寥寥无几,且康熙帝是其中绝对的权威。当然,此种情形也是传播西学的传教士们乐意看到的:

> 与利玛窦等早期耶稣会士不同,17世纪中叶至18世纪初来华的传教士只专注于向康熙帝传授科学技术知识,很少和中国学者们联系。这样的局面令康熙帝和耶稣会士双方感到满意。因为,由此,康熙帝成为唯一掌握西方天文数学知识的中国人,这可以保证他对相关事务的绝对仲裁者的地位。对于传教士来说,如果中国学者能够掌握欧洲天文历法知识,那么他们便失去了藉以立足宫廷的长技。③

不仅如此,康熙帝对西方科技孜孜不倦的追求,使其成为了一个真正的

---

① 葛兆光:《中国思想史》(下),复旦大学出版社2009年版,第181页。
② 葛兆光:《中国思想史》(下),复旦大学出版社2009年版,第182页。
③ 田淼:《中国数学的西化历程》,山东教育出版社2005年版,第98页。

"内行"。在科学技术层面,康熙帝掌握了绝对的真理话语权,这种学术、知识权威的形象令儒者们处于"失语"状态。一旦权威形象树立起来,康熙帝就不放弃任何一个可以展示的机会:

> 康熙皇帝曾亲自一口气平整了三四法里的河坡地。有时候,他会亲自用几何方法测量距离、山的高度、河流和池塘的宽度等。他常自己定位、调整各种仪器,进行精确计算,然后,他再命人测量实际距离。每当他的计算结果和实际测量的数据相符合时,他就会非常高兴,而此时在场的朝臣们也会不失时机地表示赞叹,他当然乐意听到他们的赞扬……①

这种展示,往往被当作炫耀;实际上,炫耀的本身也是对儒者的慑服。而且,这种慑服的效果远远大于"文字狱"等让儒者丧失话语权的手段,后者是通过纯粹的强权暴力,而前者则是通过掌握知识、占有真理而使人心悦诚服,真正地成为儒者之"师"。

康熙帝所做的不仅限于此,他真正行使"师"之权力,还在于站在真理的制高点上,对儒者们进行训导。他不止一次在公开场合就科技问题训斥儒家士大夫:或批评他们"全然不晓得算法"②,"汉人于算法,一字不知"③;或教导他们:"《尧典》敬授民时,都是帝王大事,如何可不讲究!"④如果说,儒家士大夫们在与康熙帝探讨儒家传统经典时还能引经据典,做一番自我辩解,那么,在探讨科技问题的时候,他们已经处于了集体"失语"状态。

---

① [法]洪若翰:《康熙与教会》,载[法]白晋等:《老老外眼中的康熙大帝》,人民日报出版社 2008 年版,第 194 页。
② (清)李光地著,陈祖武点校:《榕村语录·榕村续语录》,中华书局 1995 年版,第815 页。
③ (清)李光地著,陈祖武点校:《榕村语录·榕村续语录》,中华书局 1995 年版,第814 页。
④ 《陈氏家乘》,转引自韩琦:《蒙养斋数学家陈厚耀的历算活动——基于〈陈氏家乘〉的新研究》,《自然科学史研究》2014 年第 3 期。

这样一来,康熙帝与儒者们的角色就发生了彻底的转换:康熙帝变为了"师",而儒者们变成了"生",康熙帝的"道统"形象被进一步巩固加强了。

四、康熙帝如何用中国儒学统合西方科技的问题

虽然中国古代科技本身即纳涵于中国传统文化当中,属于对自然之"道"的探求,然而,西方科技毕竟来自异域外族,自其传入中国之始,就引发了一系列激烈的中西文化碰撞,甚至最终演化成了流血事件。在"杨光先历狱案"中,儒家士大夫和西方传教士互生龃龉,其双方争论的焦点早已经超越了科学本身的问题,上升到了彼此的信仰、文化层面:

> 此《尧典》之所记载,历代遵守四千余年,莫之或议,可云不足法乎?今西洋人汤若望尽更羲和之掌故而废黜之。将帝典真不足据,则世间载籍当尽付之祖龙一火矣。奚必存此赘疣,以为扰乱新法之具哉?
>
> 予不惧羲和之学绝而不传,惧载集之祖之掌故不能取信于今日,使后之学者,疑先圣先贤之典册尽为欺世之文具,而学脉道脉,从斯替矣。此予之所以大忧也。①

杨光先等儒家士大夫对西人、西学、西教的指责,可谓无以复加。他们对"学脉道脉从斯替矣"的忧虑,实际上并不能随着"杨光先历狱案"的结束而全然平复。作为儒家"道统"的代言人,康熙帝具有捍卫文化传统的使命感,但这似乎又同其学习、利用西方科技之间有着不可调和的矛盾。虽然康熙帝所声称的是要"节用其技能,而禁传其学术"②,然而,正如中国古代科技与儒家文化的密不可分一样,西学与西教自入传中国之日起,就无法分割。为了使自己多年学西学、用西学的行为名正言顺,为了更好地塑造"道

---

① (清)杨光先等撰,陈占山校注:《不得已(附二种)》,黄山书社2000年版,第40页。

② (清)纪昀总纂:《四库全书总目提要》(卷一百二十五),河北人民出版社2000年版,第3238页。

统"形象,康熙帝面临一个必要的环节,即证明西方科技与儒家道统的一致性,那就是倡导"西学中源"说。

实际上,无论是在同西方传教士的交往中,还是在学习和利用西方科技的过程中,康熙帝始终都保持着维护"道统"的警惕。这也可以解释为何康熙帝对耶稣会士和天主教的态度会发生一系列的变化:

> 西洋人治理历法,用兵之际修造兵器,效力勤劳,且天主教并无为恶乱行之处,其进香之人,应仍照常行走。①(康熙三十一年)
>
> 汝等知西洋人渐渐作怪乎?将孔夫子也骂了。予所以好待他者,不过是用其技艺耳。历算之学果然好,你们通是读书人,见外面地方官与知道理者,可俱道朕意。②(康熙四十五年)

其实,即便并无"礼仪之争"等催化作用,康熙帝也势必要采取一个"纳西入中"的环节。所以,在此意义上,康熙帝对"西学中源"说的大力倡导乃是一种必然。作为一个在中国近代思想史上产生了深远影响的思潮,"西学中源"说在其不同发展阶段有其不同的特征。康熙帝对"西学中源"说的倡导、宣扬,同儒家士大夫对该学说的阐述,有着出发点、内容、效果等多方面的不同。

总之,对康熙帝倡导"西学中源"说的行为,不可作孤立的看待,而应当将其放置于康熙帝学西学、用西学的整个过程和框架中加以分析。以此视角来看"西学中源"说,就会发现这是康熙帝用西方科学辅助其"道治合一"形象塑造的必要的逻辑环节。

五、康熙帝科技活动的评价问题

关于康熙帝科技活动的评价问题,一直是学界关注的着重点,相当一部

---

① 韩琦、吴旻校注:《〈熙朝崇正集〉〈熙朝定案〉〈外三种〉》,中华书局 2006 年版,第 184 页。

② (清)李光地著,陈祖武点校:《榕村语录·榕村续语录》,中华书局 1995 年版,第 643 页。

分研究的最终意图,即是通过对康熙帝科技活动的考察来评价其科技方面的功过。

例如,对康熙帝本人科学素养的评判就是对其科技活动评价的一个重要依据。有学者认为,康熙帝的科学素养并不高,他对西方科学的认识较为肤浅,所以并不能算一个严格意义上的科学家。

这一类评价往往会引发另一个问题的讨论,即为康熙帝讲授西方科学的传教士是否对其传授了西方当时先进的科学思想。对此,学界有两种对立观点。一种观点认为,为康熙帝讲授科学的传教士自身的知识面即是偏的,他们多通天算而不懂理化、多重数理而轻技术,所以他们介绍的科学门类也是不齐全的;并且由于宗教偏见,他们没有介绍哥白尼、布鲁诺、伽利略等人的著作。① 另一种观点并不认为耶稣会士应当承担传播落后知识的罪名,他们的科学观是极其常识性的,把不同时期的最有权威的学说、最普遍使用的计算方法和观测方法等传入了中国。②

确实,要评价康熙帝的科学素养,为其传授西学的传教士是关键因素。首先,传教士并非专业的科学家,其对科学的掌握确实有一定的限度。另外,科学仅仅是其传教的一种手段,在这样的前提之下,他们在传播哥白尼、伽利略等与其宗教相悖的学说时,的确会受到很大影响。同样,纯粹以科学的角度看康熙帝,尤其以近代科学活动的规范结构为标准③,会发现其存在着很多问题。但在对西方科技的学习和利用方面,康熙帝确实达到了一定的水平,从考察他本人的科技作品、他与科技人才的互动、对编纂大型科技著作的指导等方面得出这样的结论,并不为过。然而,康熙帝本身毕竟并非专业的科学家,其帝王的身份决定了科技对于他来说,只是更好地维护皇权

① 参见潘吉星:《康熙帝与西洋科学》,《自然科学史研究》1984 年第 2 期;刘大年:《论康熙》,《历史研究》1961 年第 3 期。

② [日]山田庆儿:《近代科学的形成与东渐》,《科学史译丛》1984 年第 2 期。

③ 如美国科学社会学家默顿(R.K.Robert King Merton, 1910-2003)所提出的科学活动所应遵循的四条基本规范:普遍主义、无私立性、公有性、有组织的怀疑。

统治的工具。这样的前提，决定了他不能够接受纯粹科学专业的审判，或者说，这样的评价对他来说并非绝对公平。

　　另外还有一些评价，基于对中国近代社会发生的一系列内忧外患的动荡的反思，从而将中国科技落后问题的聚焦点引到康熙帝身上。这类研究多从列举康熙帝在科技政策方面的失误入手，将其视为中国科技滑坡的历史罪人，并认为康熙帝是解开"李约瑟难题"的关键人物。实际上，对康熙帝的这些评价结论并非同一层次的问题，相较于评判康熙帝在科技决策上的失误，关于"李约瑟难题"的探讨要难得多。况且，关于"李约瑟难题"是否成立，学界依然有诸多争论。即便抛开问题真伪的争论，此问题也并非"康熙帝与科技"专题的研究所能彻底解决，而需要对中国科技发展的整个历程进行全面考察。

　　实际上，对康熙帝科技活动的评价问题是包含很多层面的，并非简单的对、错判定。本书的主旨在于探讨康熙帝与西方科技的关系问题，对其科技活动进行功过评价虽然不是主要目的，但也是不可忽略的一部分。基于本书的论证视角，笔者将从两个方面来评价康熙帝的科技活动，即除了讨论康熙帝所从事的科技活动对于清初科技发展产生了什么样的影响之外，还要考察这些活动对于儒家道统产生了何种影响。

第一章 "道治合一"：康熙帝的 圣王理想

在儒家思想中，有几对概念是相互对应的：治(统)与道(统)、君与师、政(权)与教(权)、王(者)与圣(人)。其中的核心价值观是儒家的"道统"观念：道(统)高于治(统)，所以，师高于君、教(权)高于政(权)、圣(人)高于王(者)。

道统所象征的是儒家的文化价值认同，而治统所代表的则是世俗的政治权力。它们之间的关系经过三个历史阶段(如表所示)：道治同一的理念(原典儒学)、道治分立的状况(帝国前、中期儒学)、道治合一的努力(帝国晚期清代儒学)。

同一	分立		合一
道治同一	道(统)	治(统)	道治合一
君师同一	师	君	君师合一
政教同一	教(权)	政(权)	政教合一
圣王同一	圣(人)	王(者)	圣王合一

这种"同一→分立→合一"的历史逻辑，正如所谓"天人合一"问题，最初是"天人同一"，随后发生"天人分立"，最后才需"天人合一"。故程子说："天人本无二，不必言'合'。"①我们亦可以说：道(统)治(统)本无二，不

① (宋)程颢、程颐：《二程遗书》(卷六)，上海古籍出版社 2000 年版，第 132 页。

必言"合"。所谓"本无二",即是说两者本来就是同一的。

康熙帝"道治合一"的努力,源于异族政权巩固皇权的政治需要。"在中华帝国历史上,只有被普遍遵奉的文化规范所支持,政治支配才能成功,政府行为也才能被普遍接受,这几乎是不言而喻的道理"①,所以,作为外来的异族政权,清朝统治者亟须解决政治统治的合法性问题,而在帝国时代的中国,政权的合法性是由儒家道统提供的,道统高于治统。因此,清皇朝获得政治合法性的唯一途径,就是通过争夺道统话语权,继而使自己成为道统的代言人。此举从表面上看来是承认道统高于治统,而实际上则是以治统兼并道统。

第一节　道统与治统的同一和分立

所谓"道治"关系,指的是道统与治统之间的关系。那么,何谓"道统"、何谓"治统"? 分别来讲,这里所谓"道",即韩愈所说的"博爱之谓仁,行而宜之之谓义,由是而之焉之谓道"②,实即孔孟之道,即儒家的核心价值观。所谓"治",指政治,尤指政治权力。而所谓"统",本义指一束丝的头绪,喻指统绪、连续、世代传承的系统。合起来讲,即是王夫之所言:"天子之位也,是谓治统;圣人之教也,是谓道统。"③这就是说,"治统"指的是"君"(即"王"或"皇")的政权传承谱系,"道统"指的是"师"或"圣"的教权传承谱系。道与治的关系,也就是师与君、教与政、圣与王的关系。

一、儒家"道治同一"的理念:治统体现道统

(一) 道治同一:道统的观念建构

"道统"乃是儒家的核心价值观的传承谱系,但它与"治统"之间具有密

---

① Arthur F.Wright, The Sui Dynasty: the Unification of China, A.D.581-617.转引自葛兆光:《中国思想史》(下),复旦大学出版社 2009 年版,第 2 页。

② (唐)韩愈:《原道》,载屈守元、常思春主编《韩愈全集校注》,四川大学出版社 1996年版,第 2662 页。

③ (明)王夫之:《读通鉴论》,岳麓书社 1996 年版,第 479 页。

切关联,因为儒家乃是"务为治者"①,最关心的是社会的伦理政治秩序问题。在这个意义上,儒家建构道统的目的,恰恰在于治统。因此,道统与治统之间的关系始终是儒学中的一个重大问题。

1.道统的建构

儒家的"道统"观念可以说是与儒家同时产生的;换言之,儒家从一开始就在建构道统。早在孔子那里,道统已具雏形。《论语》记载:

> 子曰:"大哉,尧之为君也! 巍巍乎,唯天为大,唯尧则之。……"②
>
> 子曰:"巍巍乎,舜、禹之有天下也,而不与焉。"③
>
> 子曰:"禹,吾无间然矣! ……"④
>
> 子夏曰:"……舜有天下,选于众,举皋陶,不仁者远矣。汤有天下,选于众,举伊尹,不仁者远矣。"⑤
>
> 文王既没,文不在兹乎? 天之将丧斯文也,后死者不得与于斯文也;天之未丧斯文也,匡人其如予何?⑥
>
> 子贡曰:"文、武之道,未坠于地,在人。贤者识其大者,不贤者识别其小者,莫不有文、武之道焉。夫子焉不学? 而亦何常师之有?"⑦
>
> 甚矣,吾衰也! 久矣,吾不复梦见周公。⑧

在这些言说中,"尧—舜—禹—汤—文—武—周公"的谱系已经大略可

---

① (汉)司马谈:《论六家要指》,载(汉)司马迁:《史记》,线装书局 2006 年版,第 544 页。

② 《论语·泰伯》。

③ 《论语·泰伯》。

④ 《论语·泰伯》。

⑤ 《论语·颜渊》。

⑥ 《论语·子罕》。

⑦ 《论语·子张》。

⑧ 《论语·述而》。

见,而孔子本人则以此谱系之传承者自任。

到了孟子,道统的谱系就更为清晰了：

> 孟子道性善,言必称尧舜。①

> 孟子曰："禹恶旨酒,而好善言。汤执中,立贤无方。文王视民如伤,望道而未之见。武王不泄迩,不忘远。周公思兼三王,以施四事……"②

> 孟子曰："由尧、舜至于汤,五百有余岁。若禹、皋陶,则见而知之；若汤,则闻而知之。由汤至于文王,五百有余岁。若伊尹、莱朱,则见而知之；若文王,则闻而知之。由文王至于孔子,五百有余岁。若太公望、散宜生,则见而知之；若孔子,则闻而知之。由孔子而来,至于今百有余岁。去圣人之世,若此其未远也；近圣人之居,若此其甚也。然而无有乎尔,则亦无有乎尔。"③

> 孟子曰："……当尧之时,水逆行,泛滥于中国,……使禹治之。……尧、舜既没,圣人之道衰。……周公相武王,诛纣、伐奄,三年讨其君……《书》曰：'丕显哉,文王谟！丕承哉,武王烈！……'世衰道微,邪说暴行有作,臣弑其君者有之,子弑其父者有之。孔子惧,作《春秋》。……杨、墨之道不息,孔子之道不著,是邪说诬民、充塞仁义也。仁义充塞,则率兽食人,人将相食。吾为此惧,闲先圣之道,距杨墨、放淫辞,邪说者不得作。……圣人复起,不易吾言矣！昔者禹抑洪水而天下平,周公兼夷狄、驱猛兽而百姓宁,孔子成《春秋》而乱臣贼子惧。……我亦欲正人心、息邪说、距诐行、放淫辞,以承三圣者。……"④

> （孟子）曰："……我非尧舜之道不敢以陈于王前,故齐人莫如

---

① 《孟子·滕文公上》。
② 《孟子·离娄下》。
③ 《孟子·尽心下》。
④ 《孟子·滕文公下》。

我敬王也。"①

孟子曰:"……予未得为孔子徒也,予私淑诸人也。"②

(孟子)曰:"……五百年必有王者兴,其间必有名世者。由周而来,七百有余岁矣;以其数则过矣,以其时考之则可矣。夫天未欲平治天下也,如欲平治天下,当今之世,舍我其谁也?……"③

在此,"尧—舜—禹—汤—文—武—周公—孔子—孟子"的道统谱系其实已经建构起来了,而从以上言辞亦可以看出,孟子本人也以此谱系之传承者自任。

首次明确地建构道统谱系的人是韩愈,此举是为了与佛家、道家抗衡,即是为了更进一步确立儒家学说在中华文化传统中的"正统"地位。他在《原道》一文中对"道统"的传承做出了如下解释:

斯吾所谓道也,非向所谓老与佛之道也。尧以是传之舜,舜以是传之禹,禹以是传之汤,汤以是传之文、武、周公,文、武、周公传之孔子,孔子传之孟轲。轲之死,不得其传焉。④

并且,韩愈认为:"仁"、"义"乃儒家道统之"道"的内涵,"礼、乐、行、政"是继承道统之圣人的教化实施。⑤

显然,韩愈虽是第一个有意识地建构道统的人,但其道统谱系并未超出孟子建构的范围。而且,此时尚无"道统"这个明确的概念。

随后,南宋李元纲作《圣门事业图》,第一图《传道正统》有如下谱系:尧—舜—禹—汤—文—武—周公—孔子—曾子/颜子—子思—孟子—二程。⑥

---

①　《孟子·公孙丑下》。

②　《孟子·离娄下》。

③　《孟子·公孙丑下》。

④　屈守元、常思春主编:《韩愈全集校注》,四川大学出版社1996年版,第2662页。

⑤　屈守元、常思春主编:《韩愈全集校注》,四川大学出版社1996年版,第2662页。

⑥　(宋)李元纲:《圣门事业图》,中华书局1991年版,第1页。

此图名为"传道正统"，已经接近"道统"之名。

正式提出"道统"这个概念的是朱熹。他在《中庸章句序》的开篇即阐明了"自上古圣神继天立极"之初就确立了的道统传承，并逐步确立了"道心惟微，人心惟危，惟精惟一，允执厥中"的"十六字心传"道统体系：

> 《中庸》何为而作也？子思子忧道学之失其传而作也。盖自上古圣神继天立极，而道统之传有自来矣。其见于经，则"允执厥中"者，尧之所以授舜也；"人心惟危，道心惟微，惟精惟一，允执厥中"者，舜之所以授禹也……
>
> 自是以来，圣圣相承：若成汤、文、武之为君，皋陶、伊、傅、周、召之为臣，既皆以此而接夫道统之传；若吾夫子，则虽不得其位，而所以继往圣、开来学，其功反有贤于尧、舜者。然当是时，见而知之者，惟颜氏、曾氏之传得其宗。及曾氏之再传，而复得夫子之孙子思，则去圣远而异端起矣。……自是而又再传以得孟氏，为能推明是书，以承先圣之统。及其没而遂失其传焉。……然而尚幸此书之不泯，故程夫子兄弟者出，得有所考，以续夫千载不传之绪……①

由此可见，朱熹建构的道统谱系包括：上古圣神（伏羲、神农、黄帝）②—尧—舜及皋陶—禹—汤及伊尹和傅说—文王—武王及周公和召公—孔子—颜渊—曾子—子思—孟子—二程—（朱熹）。

2.道治同一的理念

在上述道统谱系中，不难发现一个特点：孔子之前，上古圣神（伏羲、神

---

① （宋）朱熹：《四书集注》，海南出版社1992年版，第23—24页。

② 在《大学章句序》中，朱熹称："一有聪明睿智能尽其性者出于其间，则天必命之以为亿兆之君师，使之治而教之，以复其性。此伏羲、神农、黄帝、尧、舜，所以继天立极，而司徒之职、典乐之官所由设也。"由此可见，朱熹在《中庸章句序》中所言的"上古圣神"应为"伏羲、神农、黄帝"，而道统之源头也无疑应当上溯到尧、舜之前的伏羲、神农、黄帝。参见朱熹：《四书集注》，海南出版社1992年版，第3页。

农、黄帝)、尧、舜、禹、汤、文、武、甚至周公(曾为摄政王)都既是治统的承担者、也是道统的承担者,亦即既是王也是圣,既是君也是师,既拥有政权也拥有教权;换言之,道统和治统是同一的,并不分立。这正是儒家的理想,即"道治同一"。

孔子最早表达了道治同一的理念:

> 天下有道,则礼乐征伐自天子出;天下无道,则礼乐征伐自诸侯出。……天下有道,则政不在大夫。天下有道,则庶人不议。①

所谓"天下有道",当然意味着天子承担着道统。这里的"征伐"固然属于治统问题,然而"礼乐"则与道统密切相关。制礼作乐的人叫"作者",乃是圣人,亦即《礼记·乐记》所谓"作者之谓圣,述者之谓明"。天子制礼作乐,意味着王权不仅拥有政权,而且拥有教权。

孔子提出"为政以德"②,其实也是道治同一的一种表达:"为政"意味着治统,"以德"意味着道统。孔子反对"道之以政",主张"道之以德"③,就是认为道统与治统应当是同一的。

（二）君师同一:道统的角色表现

实际上,在中国传统典籍中,最早出现的不是"道(统)治(统)"关系问题,而是"君师"关系问题。所谓"师",许慎《说文解字·帀部》解释为:"师:二千五百人为师。从帀、从𠂤。𠂤:四帀,众意也。"④意谓"师"的本义是军队。然而,徐中舒《甲骨文字典》认为:"殷商甲骨文以'𠂤'为师";"周甲'师'字从𠂤从帀,与金文及《说文》篆文'师'略同";又"𠂤"字条认为:"𠂤"字"象臀尻之形,故可表人之坐卧止息及止息之处。古人行旅,止息于野必择高起干燥之地,故称此类止息及其处亦为'𠂤'。……故臀尻为𠂤,旅

---

① 《论语·季氏》。
② 《论语·为政》。
③ 《论语·为政》。
④ (汉)许慎撰;(清)段玉裁注:《说文解字注》,浙江古籍出版社 2006 年版,第 273 页。

途中坐卧止息及止息之处亦为自。行旅人数以军事征伐所集结者最为众多,故军旅止息驻扎之自引申为师众之师。"①据此说法,"师"的本义并非军队,而是"众"的意思;军队之义属引申义。按"师"从"帀",《说文解字·帀部》:"帀:周也";又上引"师"字条"四帀,众意也"。《易传》:"师,众也"②;"师者,众也"③。笔者认为,"师"字的本义应是:一人训示众人。这个基本含义,至今依然。

一人训示众人,此种情形在当时的社会中,最典型的莫过于君主的角色。所以,在中国传世典籍中,很早就出现了"师"与"君"的关系问题。例如《古文尚书》中所记载的武王伐纣的誓词,即体现了儒家关于"君师"关系的观念:

天佑下民,作之君,作之师,惟其克相上帝,宠绥四方。④

这番话,《孟子》引作:"天降下民,作之君,作之师,惟曰其助上帝,宠之四方。"⑤《尚书正义》孔安国传:"言天佑助下民,为立君以政之,为立师以教之";"当能助天,宠安天下"⑥。这就是说,天子既是"君"的角色,又是"师"的角色。

有学者认为这里的"君"、"师"仍然是二分的,这其实是一种误解。孔颖达疏:

此言伐纣之意。上天佑助下民,不欲使之遭害,故命我为之君上,使临政之;为之师保,使教诲之。……我今惟其当能佑助上天,

---

① 徐中舒:《甲骨文字典》,四川辞书出版社 2014 年版,第 1500 页。
② 《周易·师彖传》。
③ 《周易·序卦传》。
④ 《尚书·泰誓上》。
⑤ 《孟子·梁惠王下》。
⑥ (汉)孔安国传;(唐)孔颖达等正义:《尚书正义》,上海古籍出版社 2007 年版,第404 页。

宠安四方之民,使民免于患难。①

这里,"君"、"师"皆"我",也就是周武王(引文中连续出现的"我",皆指同一主体)。故孔颖达明确指出:"'师'谓君与民为师,非谓别置师也。"②由此可见,"君师"的理念从一开始就是合一的;或者更确切地说,不是"君师合一",而是"君师同一"。

所以,"君师合一"或"君师同一",其所合、所同者,乃在于"道",因此又叫"君师道合"。明清之际陆世仪说:

> "道统"云者,言道在己、而天下宗之,己因得为道之统、而统天下之道以归于一也。尧、舜而下,历禹、汤、文、武,皆君师道合;若周公,己为臣道,然负扆而朝,成王之治皆周公为之。至于孔子,始以匹夫为万世师,而万世之道统归之。③

显然,所谓"君师道合",其所合在"道统"。陆氏的意思是说:孔子以来,道治分立,故而君师分立,孔子不是"君",却是"万世师",因为"道统归之";然而孔子之前,本来道治同一、君师同一。所谓"统天下之道以归于一","统天下之道"即是道统所在,"归于一"则是政治上的大一统。

而且,所谓"君师同一",并不是说"君"和"师"两种平起平坐的角色的简单结合。《礼记》指出:

> 君子知至学之难易,而知其美恶,然后能博喻;能博喻,然后能为师;能为师,然后能为长;能为长,然后能为君。故师也者,所以学为君也。④

---

① (汉)孔安国传:《尚书正义》,上海古籍出版社 2007 年版,第 405 页。
② (汉)孔安国传:《尚书正义》,上海古籍出版社 2007 年版,第 405 页。
③ (明)陆世仪:《思辩录辑要》(卷二十九),清文渊阁四库全书本。
④ 《礼记·学记》。

显然,"能为师"是"能为君"的前提条件,因此,"师"比"君"更具价值优先性。

(三) 政教同一:道统的权力结构

尽管君师同一,但"君"与"师"毕竟是不同的角色,其权力的内涵是有所不同的:"君"意味着拥有政权(行政的权力),而"师"意味着拥有教权(教化的权力)。只是在道治同一、君师同一的时代,这两种角色的权力同时由一个人——天子或者君主——兼有,这就叫作"政教同一"。因政权、教权两个方面都是道统的体现,所以,此可谓道统的权力结构。上文所引《古文尚书》"天佑下民,作之君,作之师"①,孔安国传"言天佑助下民,为立君以政之,为立师以教之"②,孔颖达疏"命我为之君上,使临政之;为之师保,使教诲之"③,说的即是君主同时既拥有政权,又拥有教权。

《论语》中处处可见孔子政教同一的理想,如:"善人教民七年,亦可以即戎矣";"以不教民战,是谓弃之"。④ 所谓"戎"或"战",是政权的事情;而"教",则是教权的事情。而在孔子看来,理想的状态,教权与政权应该是同一的:

> 子适卫,冉有仆。子曰:"庶矣哉!"冉有曰:"既庶矣,又何加焉?"曰:"富之。"曰:"既富矣,又何加焉?"曰:"教之。"⑤

这里,使民"庶"与"富"当然是政权的责任,而"教"民则是教权的责任;然而,庶、富、教是一以贯之的,它们的实施者是同一主体、亦即君主,这也就是政教同一。

---

① 《尚书·泰誓上》。
② (汉)孔安国传;(唐)孔颖达等正义:《尚书正义》,上海古籍出版社 2007 年版,第404 页。
③ (汉)孔安国传;(唐)孔颖达等正义:《尚书正义》,上海古籍出版社 2007 年版,第405 页。
④ 《论语·子路》。
⑤ 《论语·子路》。

这个理想为后世儒家所继承,郑玄曾言:名曰"大学"者,以其记博学可以为政也①。这里所谈的"学"与"政"的关系,实际上也是"教"与"政"的关系。《大学》的"修齐治平"、"内圣外王"的结构:首先是"修身"而"明德",这是"教"的问题;然后是"亲民"或"新民"②,这是"政"的问题。此是一以贯之的,也是政教同一的。

(四) 圣王同一:道统的人格体现

在儒家的观念中,与拥有政权、担当着"治"之责任的"君"相对应的是"王"(者);与拥有教权、担当着"道"之责任的"师"相对应的是"圣"(人)。因为"天下者,至重也,非至强莫之能任;至大也,非至辨莫之能分;至众也,非至明莫之能和",所以"非圣人莫之能王"③。也就是说,执掌天下重任的人需要是"圣王"——既是圣人、又是王者,这即是"圣王同一",也就是道统的人格体现。在道统谱系中,孔子之前,圣王同一;孔子以来,圣王分立。

从道统谱系中可以看到,孔子之前,尽管王者并不同时都是圣人,但是圣人同时都是王者:圣人尧、舜、禹、汤、文、武都是王者,甚至周公也是王者,即摄政王。这些王者都是"圣王",即是达到了圣人境界的王者。

孔子说:"如有王者,必世而后仁。"④何晏注引孔氏之说:"如有受命王者,必三十年仁政乃成。"邢昺疏:"此章言如有受天命而王天下者,必三十年仁政乃成也。"⑤这里所谓"仁"指"圣"的境界,其前提是长期施行仁政,可见其具有"王"的身份。

在儒学传统中,什么样的人可以称之为"圣人"呢? 据《孟子》载,子贡

---

① (汉)郑玄注;(唐)孔颖达等正义:《礼记正义》,上海古籍出版社 1990 年版,第 981 页。
② 《大学》的"亲民",朱熹释为"新民",参见《四书章句集注·大学章句》,而王阳明则坚持古本的"亲民",参见《大学古本序》。
③ 《荀子·正论》。
④ 《论语·子路》。
⑤ (魏)何晏等注;(宋)邢昺疏:《论语注疏》,上海古籍出版社 1990 年版,第 116 页。

曾言："仁且智,夫子既圣矣。"①这句话是十分重要的,它表达了要成为所谓的"圣人",即要具备"仁"与"智"两个方面。这里的"仁",正如程颢所言"仁者,浑然与物同体,义、礼、知、信皆仁也"②,在儒家学说当中是涵纳一切的、哲学上的本体;这里的"智",涵盖了由"多闻"、"多见"、"多识"而获得的知识,包括关于自然界的知识。孔子曾言：《诗》可以兴,可以观,可以群,可以怨;迩之事父,远之事君;多识于鸟兽草木之名。③ 其中的"鸟兽草木之名"就是自然知识层面,很显然,在儒家所说的"圣"中,知识是其不可或缺的重要方面,而此知识,不仅包含人伦社会知识,还包括了客观自然知识。所以,本书随后所重点讨论的科学技术问题,也都是"圣"的重要内容。换句话说,没有足够的科学技术知识、自然知识,亦是不足以称为"圣人"的。

二、儒家"道治分立"的立场：道统高于治统

孔子之前,道治同一、圣王同一;孔子以来,道统与治统分立,圣人与王者分立。自此以后,不仅孔子,而且历代儒者,都以道统自任,坚持道统高于治统的原则,以此与政治权力相抗衡。这种情况,至清代才发生改变。

(一) 道治分立

"孔子生于其时,既不得位,无以行帝王劝惩黜陟之政,于是特举其籍而讨论之,去其重复,正其纷乱"④,孔子并无君王之位,然而以道自任,教化天下,为万世师,历代君主莫不膜拜遵从,至少在表面上如此。这就是说,道治分立的结果,就是君师分立、政教分立、圣王分立。

1. 道治分立

关于道治分立、儒者以道自任,孔子早已经有相当明确的说法："志于

① 《孟子·公孙丑上》。
② (宋)程颢、程颐：《二程遗书》,上海古籍出版社2000年版,第66页。
③ 《论语·阳货》。
④ (宋)朱熹集注：《诗集传》,中华书局2011年版,第1页。

道,据于德"①;"以道事君,不可则止"②;"天下有道则见,无道则隐"③;"隐居以求其志,行义以达其道"④;"道不行,乘桴浮于海"⑤;"邦有道,则仕;邦无道,则可卷而怀之"⑥;"邦有道,穀;邦无道,穀,耻也"⑦……。由于儒者以"道统"自任,因此,宋元时期,儒学被称为"道学"。将孔子以来的道统传承谱系称为"道学",其实是程朱理学的一种建构,正如《宋史·道学传序》所言:

> 道学之名,古无是也。……文王、周公既没,孔子有德无位,既不能使是道之用渐被斯世,退而与其徒定礼乐、明宪章、删《诗》、修《春秋》、赞《易象》、讨论《坟》、《典》,期使五三圣人之道昭明于无穷……孔子没,曾子独得其传。传之子思,以及孟子,孟子没而无传。……千有余载,至宋中叶,周敦颐出于舂陵,乃得圣贤不传之学。……张载作《西铭》,又极言理一分殊之旨。……仁宗明道初年,程颢及弟颐实生,及长,受业周氏,已乃扩大其所闻。表章《大学》、《中庸》二篇,与《语》、《孟》并行,于是上自帝王传心之奥,下至初学入德之门,融会贯通,无复余蕴。迄宋南渡,新安朱熹得程氏正传,其学加亲切焉。⑧

这个谱系包括:……孔子—曾子—子思—孟子—周敦颐—张载—程颢—程颐—朱熹……。在这个谱系中,不仅无一人是帝王,而且绝大多数谈不上什么"圣人",就是儒者而已,然而却能慨然以"道"自任自尊,此即为道

---

① 《论语·述而》。
② 《论语·先进》。
③ 《论语·泰伯》。
④ 《论语·季氏》。
⑤ 《论语·公冶长》。
⑥ 《论语·卫灵公》。
⑦ 《论语·宪问》。
⑧ (元)脱脱等:《宋史》(卷四二七),吉林人民出版社 1995 年版,第 8824—8825 页。

治分立的结果。

2. 君师分立

道统与治统的分立,意味着"师"与"君"的分立:"由孔子而上,以帝王为师,君与师合者也;由孔子而下,以匹夫为师,君与师分者也。"①在中国社会第一次大转型的春秋战国时期,天子、诸侯为君,而诸子百家都"好为人师"②;儒家兴起以来,则不仅奉孔子为师,而且儒者往往也都以师自任。孟子批评"好为人师",并不是说儒者不能以师自任,而是批评那种"不知己未有可师而好为人师者"③;这就是说,如果"己有可师"之处,那就应当如孔子说的"当仁不让于师"④,慨然以师自任。这在后来成为儒家"为帝王师"的传统。

关于君师分立,孟子曾提到过:"以位,则子,君也;我,臣也,何敢与君友也? 以德,则子事我者也,奚可以与我友?"⑤孟子这个思想,对于儒家来说具有极其重大的意义:将"位"与"德"严格区分开来,从而将君(天子诸侯)与师严格分开;有德者未必有位,有位者未必有德;天子诸侯"不召师",体现"师"——儒者的独立自主的地位。

3. 政教分立

曾有一种普遍的误解,认为中国古代的社会政治体制是"政教合一"的。这种笼统的说法,其实并不符合中国的历史事实。所谓"政教合一"(caesaropapism)是将政权和神权合二为一的制度,国家的主宰者不仅是君主,还是教主,即政权和教权由同一个人所掌控,曾实行这种制度的有中世纪的阿拉伯帝国、拜占庭帝国等。在中国,儒家学说并非宗教,而且孔子以来,"教"(教化权力)与"政"(政治权力)是分立的。欧阳修在《新唐书》中

---

① (清)张希良:《幸鲁颂》,载(清)孔毓圻等:《幸鲁盛典》(卷二十九),清文渊阁四库全书本。

② 《孟子·离娄上》。

③ (汉)赵岐注;(宋)孙奭疏:《孟子注疏》,上海古籍出版社1990年版,第137页。

④ 《论语·卫灵公》。

⑤ 《孟子·万章下》。

言:"由三代而上,治出于一,而礼乐达于天下;由三代而下,治出于二,而礼乐为虚名。"①孔颖达曾指出:"治民之谓君,教民之谓师。"②这就是说,"治民"的政权在君,"教民"的教权在师。孔子讲"不在其位,不谋其政"③,其实就含有政教分立的意思。所谓"不谋其政"并非指不问政治,而是说不承担"治统"的政治实践责任。

政教分立,也意味着道德与权力的分立,圣人、儒者虽然没有权力,然而有道德,故能够"以德服人"。孟子指出,孔子以来,儒者都是以德服人:

> 以力假仁者霸,霸必有大国;以德行仁者王,王不待大,汤以七十里,文王以百里。以力服人者,非心服也,力不赡也;以德服人者,中心悦而诚服也,如七十子之服孔子也。④

孟子的时代,诸侯的"位"即爵位。但孟子说,这样的执掌权力的爵位只是"人爵",而非"天爵":

> 有天爵者,有人爵者。仁义忠信,乐善不倦,此天爵也;公卿大夫,此人爵也。古之人,修其天爵,而人爵从之。今之人,修其天爵,以要人爵;既得人爵,而弃其天爵,则惑之甚者也,终亦必亡而已矣。⑤

人爵拥有政权;而天爵由于"仁义忠信"而拥有教权。在孟子看来,"古之人"是道治同一、君师同一、政教同一的,所以人爵和天爵是一致的;"今之人"则道治分立、君师分立、政教分立,所以人爵和天爵也是分立的。

---

① (宋)欧阳修、宋祁撰;陈焕良,文华点校:《新唐书》(第1册),岳麓书社1997年版,第167页。
② (汉)孔安国传;(唐)孔颖达等正义:《尚书正义》,上海古籍出版社2007年版,第405页。
③ 《论语·泰伯》。
④ 《孟子·公孙丑上》。
⑤ 《孟子·告子上》。

4.圣王分立

道统与治统的分立,意味着圣人与王者的分立。孔子已经暗示过圣与王的分立:

> 子贡曰:"如有博施于民而能济众,何如? 可谓仁乎?"子曰:
> "何事于仁? 必也圣乎! 尧、舜其犹病诸! ……"①

何晏注引孔氏之说:"尧、舜至圣,犹病其难。"邢昺疏云:"谓不啻于仁,必也为圣人乎! 然行此事甚难,尧、舜至圣,犹病之以为难也。"实际这个解释并不确切。孔子的意思是说:"博施于民而能济众"乃是圣人境界,连尧、舜也觉得很难做到。这里,孔子侧重的显然不是尧、舜的圣人身份,而是王者身份:尧、舜虽然是王者,也觉得很难达到圣人的境界。

所以,孔子说:"圣人,吾不得而见之矣!"②这显然是说,当世的王侯,尽管掌握着政权,却没有一个是圣人。孔子虽然自谦"若圣与仁,则吾岂敢"③,但子贡说孔子是圣人,孔子并没有否认:

> 太宰问于子贡曰:"夫子圣者与? 何其多能也!"子贡曰:"固天纵之将圣,又多能也。"子闻之,曰:"太宰知我乎? 吾少也贱,故多能鄙事。君子多乎哉? 不多也。"④

孟子有一个非常重大的观念突破,而未为人们所注意,那就是他第一个明确地意识到了圣人的道统与王者的治统的分立。孟子指出:

> 王者之迹熄,而《诗》亡;《诗》亡,然后《春秋》作。……孔子曰:"其义,则丘窃取之矣。"⑤

---

① 《论语·雍也》。
② 《论语·述而》。
③ 《论语·述而》。
④ 《论语·子罕》。
⑤ 《孟子·离娄下》。

所谓"王者之迹熄",即是说:夏、商、西周三代之后,现实中的"王"不再是真正的"王者",因为他们不再肩负道统。此时肩负道统的人,是孔子那样的圣人。孟子指出:

> 孔子惧,作《春秋》。《春秋》,天子之事也。是故孔子曰:"知我者,其惟《春秋》乎! 罪我者,其惟《春秋》乎!"圣王不作,诸侯放恣,处士横议。①

这就是说,作《春秋》本来是"天子之事",即是"王者"之事;然而"王者不作",于是道统的重任就落在了圣人的肩上。

后来,荀子也将"圣"与"王"分开来,认为"圣也者,尽伦者也;王也者,尽制者也"。② 圣人承当的是人伦秩序的建构,而王者承当的只是具体制度的建构,前者显然更具有普遍性、基础性、优先性。

(二) 道统高于治统

"无论是有意识还是无意识,知识阶层的心底对于自己的角色定位总是很明确的,在他们看来,无论时代如何变化,只有确立这一点,即'士'仍应当是'师',而'道统'依然应当位在'治统'之上。"③所以,在儒家的观念中,道治分立之后,道统高于治统,从而师高于君、教高于政、圣高于王。这也即是余英时所说的:在中国历史上,儒家型的知识分子始终坚持"道"高于"势",用儒家道统来"压制和驯服政治权势"④。

1. 道高于治

既然道统高于治统,那么,儒者就有资格去指导君主。这不仅是儒家的一种理念,而且在某种程度上也是一种历史事实。比如:

---

① 《孟子·滕文公下》。
② 《荀子·解蔽》。
③ 葛兆光:《中国思想史》(下),复旦大学出版社 2009 年版,第 194 页。
④ 何俊编:《余英时学术思想文选》,上海古籍出版社 2010 年版,第 62 页。

　　齐景公问政于孔子。孔子对曰："君君、臣臣、父父、子子。"公曰："善哉！信如君不君，臣不臣、父不父，子不子，虽有粟，吾得而食诸？"①

　　显然，孔子在这里担当着齐景公的政治导师的角色。这样的例子，可谓不胜枚举。其所以如此，是因为道治分立之后，儒家肩负道统，是"道"的人格体现。《论语》记载仪封人的话，认为天道已经落在了孔子的肩上：

　　仪封人请见，曰："君子之至于斯也，吾未尝不得见也。"从者见之。出，曰："二三子何患于丧乎？天下之无道也久矣，天将以夫子为木铎。"②

　　邢昺解释仪封人的意思是："今天下之衰乱无道亦已久矣，言拯弱兴衰属在夫子"；"天将命孔子制作法度，以号令于天下，如木铎以振文教也"③。在儒家的理念中，"制作法度以号令于天下"本是天子的权力，但由于"天下无道久矣"，天子、君主已丧失了这种资格，具有这种资格的乃是圣人孔子及其传人——儒者。

　　对此，王夫之明确地说，当"儒者之统"与"帝王之统"由合转衰、由并行转向分离之后，帝王之统便绝，故世上根本没有真正的"王者"；然而"儒者之统"不绝、"道统"不绝。④ 显然，在王夫之看来，现世的帝王都已背离了"道统"，从而也就背离了"帝王之统"。在这个意义上，现世的帝王"治统"都已失去了合法性。

　　2. 师高于君

　　道统高于治统，意味着师高于君。上文孟子所引子思之语："以位，则

---

① 《论语·颜渊》。
② 《论语·八佾》。
③ （魏）何晏等注；（宋）邢昺疏：《论语注疏》，上海古籍出版社1990年版，第30页。
④ （明）王夫之：《读通鉴论》，岳麓书社1996年版，第568页。

子,君也;我,臣也,何敢与君友也? 以德,则子事我者也,奚可以与我友?"①
这就是说,君师关系,以"位"而论,是君臣关系;但以"德"而论,则是师与弟
子的关系,君只是师的弟子,师高于君。

陆世仪曾细数尧舜至孔子由"君师道合"到"君师分立"的状态,谓之
"得半而失半"②。虽然此时肩负道统的圣人不再拥有治统,然而却因"道
在己而天下宗之",故依然可以"垂教万世"。的确,自秦始皇以来,皇权尽
管在现实世界中似乎至高无上,但却没有任何皇帝能做到"为万世师而万
世之道统归之",人们屡见的倒是皇权的不断兴衰更迭,唯有孔子总是为历
代皇权所尊崇,被奉为万世师表。

3. 教高于政

道治分立,师高于君,这就意味着教权高于政权。朱熹在《大学章句
序》中曾言:

《大学》之书,古之大学所以教人之法也。……及周之衰,贤
圣之君不作,学校之政不修,教化陵夷,风俗颓败。时则有若孔子
之圣,而不得君师之位以行其政教,于是独取先王之法,诵而传之,
以诏后世。③

这就是说,道治同一、君师同一、圣王同一的时代,"贤圣之君"统领"学
校之政",政权与教权是一致的;道治分立、君师分立、圣王分立以来,孔子
不是"君师"却是圣师,不得行"政教"却行其圣教。于是,秉持道统的儒者
承当了政权之外的教权。这样一来,也就出现了君与师、政与教之间的关系
问题。

朱熹所说的"大学"和帝国时代的"太学"是本质不同的。大学,相传五

① 《孟子·万章下》。
② (清)陆世仪:《思辨录辑要》(卷二十九),文渊阁四库全书本。
③ (宋)朱熹:《四书集注》,海南出版社1992年版,第3页。

帝时期为成均,夏为东序,商为右学,周为上庠,是王权时代的政教同一的最高教育机构。太学,则是皇权时代的最高教育机构,始于汉武帝采纳董仲舒在"天人三策"中提出的建议"愿陛下兴太学,置明师,以养天下之士"①,实质上是政权对教权的专制与垄断。这在帝国前期(自秦汉至隋唐)尤其显著。

但是,即便在皇权专制的制度架构中,儒家也在追求教权较之政权的独立性与崇高性。这尤其表现在帝国后期(自宋至清),而到了清代才发生了逆转(详见下节)。儒家对教权的追求与争夺是通过若干途径进行的,其中最突出的是唐宋时期兴起的民间书院和宋代出现的宫廷经筵讲读制度。

黄宗羲在《明夷待访录》中专文描述的"理想中的学校",实际上就是谈到了一种应然的政教关系:"治天下之具皆出于学校"②表示学校可以直接输出治理国家的基本方略;"祭酒南面讲学,天子亦就弟子之列"③意味着一切公权力的掌握者、包括皇帝都是学校的弟子;"天子之所是未必是,天子之所非未必非,天子亦遂不敢自以为非是,而公其非是于学校"④代表学校是权力系统结构中的最高权力机关,即教权不仅间接制约,而且可以直接统领政权。

4. 圣高于王

道治同一的时代,诸如尧、舜、禹、汤、文、武,王就是圣,圣就是王,谓之"圣王"。道治分立之后,承担道统的人不再是君王,而是圣人、以及继承圣人之道的儒家学者。他们虽然"有德无位",然而德高于位,其"学"比君王的"位"更具有价值优越性。因此,圣高于王。

朱熹强调:"若吾夫子,则虽不得其位,而所以继往圣、开来学,其功反

---

① (汉)班固:《汉书·董仲舒传》,中华书局 1962 年版,第 2512 页。
② (明)黄宗羲撰,李伟译注:《明夷待访录》,岳麓书社 2016 年版,第 45 页。
③ (明)黄宗羲撰,李伟译注:《明夷待访录》,岳麓书社 2016 年版,第 51 页。
④ (明)黄宗羲撰,李伟译注:《明夷待访录》,岳麓书社 2016 年版,第 45 页。

有贤于尧、舜者。"①尧、舜乃是古代的圣王,然而孔子"贤于尧、舜",这显然是"圣高于王"理念的一种表达。

程颐指出:

> 周公没,圣人之道不行;孟柯死,圣人之学不传。道不行,百世无善治;学不传,千载无真儒。无善治,士犹得以明夫善治之道,以淑诸人,以传诸后;无真儒,天下贸贸焉莫知所之,人欲肆而天理灭矣。②

这可谓是对自秦至宋的整个帝国时代前期的一个基本评价:因为"千载无真儒",所以"百世无善治"。这其实也是讲的圣高于王:"王"或者帝国时代的"皇",如果离开了圣人之学、圣人之道,那就不可能有"善治"。

不仅如此,这个评价的最重要的意义是:唯有传圣人之学、行圣人之道,才有"善治",那么,如果说帝王并不是圣学的代言人,而儒者才是,那么,儒者就具有了相对政治权力的优越感。这就意味着:不仅圣人,而且一般的儒者,只要他是"真儒",其"教权"就应当高于"政权"。

第二节 康熙帝尊崇道统的信仰昭示

以上讨论表明:孔子之前,道统与治统是同一的,因而君师同一、政教同一、圣王同一;孔子之后,道统与治统已分立,因而君师分立、政教分立、圣王分立。在儒家的理念中,道高于治,师高于君,教高于政,圣高于王;甚至并非圣人的一般儒者,自觉在道义上也是高于君主的。

但是,这种基本的态势,到清代则发生了逆转:清初的顺、康、雍、乾四帝,开始了"道治合一"的努力。他们出于维护其政权合法性的目的,试图

---

① (宋)朱熹:《四书集注》,海南出版社 1992 年版,第 23 页。
② (宋)程颢、程颐:《二程集》,中华书局 1981 年版,第 640 页。

恢复道治同一、君师同一、政教同一、圣王同一的理想,而实质上则是向儒家士大夫争夺道统话语权,以治统兼并道统。

对于清帝来说,按照儒家传统,存在这样的一个逻辑:

在这个逻辑结构中,最大的前提是道统,最终的目的是政权。

在君与师、政与教、治与道、王与圣的结构中,清朝皇室已经通过武力取得了"君"的地位、获得了"政权",似乎已经拥有了"治统"、具有了"王者"的形象;但是,按照中国的儒家传统,这并不等于已经获得了政权的合法性。要获得这种合法性,还需要有"师"的"教权"的支持、"道统"的认可,才能成为"圣王",从而解决其政权合法性问题。

在这个问题上,清帝可谓超越了秦汉以来帝国时代的所有帝王:不是停留于争取"师"的"教权"的支持、"道统"的认可,亦即不是停留于争取儒家士大夫的认同、合作,而是干脆使自己直接成为"师",使自己直接占有"教权",亦即使自己直接成为"道统"的代言人,从而使自己直接成为"圣人",以此一劳永逸地彻底解决政权合法性问题。这一切之所以可能,当然是基于他们已经掌握着政权、武力、国家机器。在这个意义上,清帝的做法实质上就是以君兼师、以王兼圣,亦即以政权兼并教权、以治统兼并道统。

在清初帝王塑造"道统"代言人形象的过程中,康熙帝的努力具有奠基地位。他宣扬"君师并重"的理念,并身体力行亲诣释奠,实行理学治国的方略,来表达自己对儒家"道统"的服膺,这种信仰皈依的昭示无疑是传承道统的首要也是重要的一步。

一、君师并重的理念

中国文化中有一种传统,就是以上古的假想来作为未来的理想,名为

"复古",实为"托古"。按照某种类似于"正—反—合"辩证逻辑的规律,道治关系从道治同一,到道治分立,再到道治合一,这似乎即是顺理成章、天经地义的事情。对于恢复上古"君师合一"的政治理想,康熙帝是有明确意识的:"朕惟道统与治统相维,作君与作师并重。"①所谓"君师并重",对于康熙帝来说,实质上意指:现在已拥有了"君"的地位及其"治统",迫切需要的是获得"师"的地位及其"道统"。

这样的"君师并重",他又称为"功德并重":已经拥有了"治统"方面的"武功",尚需"道统"方面的"文德"。理念上,"武功"的成果需要"文德"的支持;实质上,"治统"的政权才是获得"道统"的实力保证。所以,首先要做的事情还是获得"治统"上,而非"道统"上的一贯性、合法性。为此,康熙帝及清初诸帝才会祭祀曾经的敌人——明代皇帝:"遣内阁学士席尔达祭明太祖陵",并亲往拜奠。②

但是,通过祭祀明朝皇帝来获得治统的合法性,毕竟仍然不能达成"君师合一"的"圣王"理想;政治合法性问题的最终解决,仍然需要道统上的彻底解决。康熙帝指出:

> 朕惟天生圣贤,作君作师,万世道统之传,即万世治统之所系也。……此圣贤训辞诏后,皆为万世生民而作也,道统在是,治统亦在是矣。历代贤哲之君,创业守成,莫不尊崇表章,讲明斯道。③

这就是说,他明确意识到:道统乃"治统之所系",唯有道统才能最终保障"万世治统"。因此,不仅需要"王"、"君"的形象塑造,而且需要"圣"、"师"的形象塑造。康熙帝在《性理大全序》中指出:

> 朕惟古昔圣王所以继天立极、而君师万民者,不徒在乎治法之

---

① （清）爱新觉罗·玄烨:《康熙帝御制文集》,台湾学生书局1966年版,第1234页。
② 《圣祖仁皇帝实录》(二)(卷一一七),中华书局1985年版,第225页。
③ （清）爱新觉罗·玄烨:《康熙帝御制文集》,台湾学生书局1966年版,第306页。

明备,而在乎心法道法之精微也。①

所谓"心法"、"道法",即指道统心法,是程朱理学所建构的道统谱系的核心精神。朱熹介绍《中庸》说:"此篇乃孔门传授心法。"②又说:"《中庸》何为而作也? 子思子忧道学之失其传而作也。盖自上古圣神继天立极,而道统之传有自来矣……"③因此,康熙的意思是说,古代"圣王"之"所以"能"君师万民",不仅在于"治法"、治统,而且在于"心法"、道统。反过来说,只要能够占据道统,就能获得"君师合一"的圣人形象。

二、亲诣释奠的行动

要尊崇儒家道统,必然得尊崇孔子,因为孔子不仅是儒家创始人,而且是儒家道统的象征。早在清初,顺治帝就意识到了尊孔对于政权的重大意义,他曾在祭孔的御祭文中,对孔子评价道:"先师孔子无其位而有其德,开来继往,历代帝王未有不率由之而能治安天下者也。"④可见其将"有德无位"的孔子抬到了一个至高的位置。康熙帝也十分清楚孔子在儒家传统中的地位,他认为,孔子虽然不像尧、舜、禹、汤一般为帝为王,也不似周公一般为摄政之相,但是,却"岿然以师道作则,以及门贤哲,绍明绝业,教思所及,陶成万世;伏羲尧舜禹汤文武周公之统,惟孔子继续而光大之矣!"⑤

值得注意的是,康熙在这里列出的道统谱系"伏羲—尧—舜—禹—汤—文—武—周公",皆为帝王(周公为摄政王),即是圣王合一。孔子以来,道治分立;康熙欲致道治合一,也是圣王合一、直承上古圣王的意思。不但如此,康熙帝还认为孔子甚至超越了古代圣王:

---

① (清)爱新觉罗·玄烨:《康熙帝御制文集》,台湾学生书局1966年版,第303页。
② (宋)朱熹:《四书集注》,海南出版社1992年版,第25页。
③ (宋)朱熹:《四书集注》,海南出版社1992年版,第23页。
④ (清)张行言撰:《圣门礼乐统》(卷五),清康熙四十一年万松书院刻本。
⑤ 《圣祖仁皇帝实录》(二)(卷一三〇),中华书局1985年版,第398页。

> 尧舜禹汤文武，达而在上，兼君师之寄，行道之圣人也；孔子不
> 得位，穷而在下，秉删述之权，明道之圣人也。行道者，勋业炳于一
> 朝；明道者，教思周于万世。①

康熙帝将"明道"的孔子与"行道"的上古圣王加以比较，认为尧、舜、禹、汤、文、武不过"勋业炳于一朝"，而孔子则"教思周于万世"，将孔子抬到了一个至高的位置。

在康熙帝一系列尊孔的行动中，最引人注目的当数亲赴阙里祭孔，并"跪读祝文，行三献礼，三跪九叩头"。此举实属"旷代所无"②，正式形成了清代皇帝亲诣释奠的传统。康熙帝还一再强调自己与历代帝王祭孔的区别：不似前朝帝王一般，留金银器皿于阙里，而是亲自叩拜后将曲柄黄盖留在庙中，"务极尊崇至圣，异于前代"③。为了昭示对儒家道统的信仰，天子亲往跪拜孔子，礼之如同弟子，这种对儒家道统的尊崇程度是前所未有的。

康熙帝如此虔诚地亲赴释奠的行动，令儒者们深为感铭，在孔子六十七代孙、衍圣公孔毓圻等编纂的《幸鲁盛典》当中，记录有许多名儒对康熙帝尊孔拜孔的赞美之辞，皆认为，康熙帝尊崇先圣的行为，超越前古。就这样，康熙帝从态度到行动成功地宣示了自己的信仰皈依。

三、理学治国的方略

康熙帝毕生信奉程朱理学，将其视为治国方略，大加推行，昭梿在《啸亭杂录》中曾对康熙帝毕生推崇程朱理学的典型事例有过概括：

> 仁皇夙好程、朱，深谈性理，所著《几暇余编》，其穷理尽性处，
> 虽夙儒耆学，莫能窥测。所任李文贞光地、汤文正斌等，皆理学耆
> 儒。尝出《理学真伪论》以试词林，又刊定《性理大全》、《朱子全

---

① （清）爱新觉罗·玄烨：《康熙帝御制文集》，台湾学生书局1966年版，第369页。
② 徐振贵主编：《孔尚任全集辑校注评》（第四册），齐鲁书社2004年版，第2335页。
③ 中国第一历史档案馆整理：《康熙起居注》，中华书局1984年版，第1255页。

书》等书,特命朱子配祠十哲之列。故当时宋学昌明,世多醇儒者学,风俗醇厚,非后所能及也。①

有学者指出:"其实程朱理学之兴起,正是因为康熙帝主张宣扬'道统'学说。'道统'说复兴在前,程朱理学之复兴在后。"②此一说法不无道理,因为康熙自幼便熟读儒家经典,对于理学更是极为服膺。他常常翻阅明成祖命儒臣编纂的《性理大全》一书,认为其中所载的理学著作"穷天地阴阳之蕴,明性命仁义之旨,揭主敬存诚之要,微而律数之精意,显而道统之源流"③。可见在康熙帝内心,理学是儒家道统的正统传承,将其奉为治国方略,正是自己传承儒家道统的信仰昭示。所以,亦可以反之陈述:正是康熙帝推行理学治国的方略,对程朱理学大力宣扬,他的"道统"形象才更加鲜明。

康熙帝对朱熹尤为推崇,认为"自汉以来,儒者世出,将圣人经书多般讲解,愈解而愈难解矣",而到了宋代,正是因为朱熹等编注四书五经,才"发出一定不易之理"④,便利于后人研习。因为朱熹著作甚丰,其语录更是由多人记载,庞杂繁芜,康熙帝特令李光地、熊赐履等理学名臣在朱熹文集、语录的基础上,"汰其榛芜,存其精粹"⑤,重新编纂《朱子全书》。在《御纂朱子全书》的序言当中,康熙帝给予朱熹极高的评价:"至于朱夫子,集大成而继千百年绝传之学,开愚蒙而立亿万世一定之规",并称:"朕读其书,察其理,非此不能知天人相与之奥,非此不能治万邦于衽席,非此不能仁心仁政施于天下,非此不能外内为一家。读书五十载,只认得朱子一生居心行事"⑥。康熙

① (清)昭梿:《啸亭杂录 续录》,上海古籍出版社 2012 年版,第 4 页。
② 王寅:《康熙朝"理学名臣"对"道统论"的发扬》,《西部学刊》2016 年第 8 期。
③ (清)爱新觉罗·玄烨:《康熙帝御制文集》,台湾学生书局 1966 年版,第 303 页。
④ (清)爱新觉罗·玄烨:《庭训格言》,中州古籍出版社 2010 年版,第 136 页。
⑤ (清)纪昀总纂:《四库全书总目提要》(卷九十四),河北人民出版社 2000 年版,第 2409 页。
⑥ (清)爱新觉罗·玄烨:《康熙帝御制文集》,台湾学生书局 1966 年版,第 2294 页。

帝认为，继孔孟之后，"有裨斯文者，朱子之功，最为弘巨"①。为了将朱熹的地位进一步抬高，康熙帝又将其在孔庙中的位置，从"东庑先贤"的位置升至"大成殿十哲之次"②。在孔庙从祀的"十二哲"中，只有朱熹一人不是孔门弟子，足见其备受礼遇。

"我们所认为的正统儒家政治与社会，不是由早先的汉人王朝，而恰恰是满清王朝作出示范。……在早先的中国历史上我们还未发现儒家思想的标准、价值比在清代渗透得更深，接受得更广的朝代。"③在康熙一朝，儒家思想的标准、价值的渗透不仅仅是朱熹所注的四书成为科举考试的必考内容，士子们"以言诗易，非朱子之传易弗敢道也；以言礼，非朱子之家礼弗敢行也"④，更重要的是康熙帝将朱熹理论付诸治国的政治实践当中。例如，朱熹强调"主敬"，认为"'敬'字工夫，乃圣门第一义，彻头彻尾，不可顷刻间断"⑤，康熙帝亦高度重视"主敬论"，认为一国之君地位崇高，无所不能，但凡事"有一段敬畏之意，自然不至差错"，他训谕皇子时也说："凡天下事不可轻忽，虽至微、至易者，皆当以慎重处之。慎重者，敬也。当无事时，敬以自持；而有事时，即敬之以应事，务必谨终如始。"⑥朱熹主张以"仁政"治天下，康熙帝也一直秉持此道，时常强调为政以仁："天道好生。人一心行善，则福履自至。观我朝及古行兵之王公大臣，内中颇有建立功业而行军时曾多杀人者，其子孙必不昌盛，渐至衰败。由是观之，仁者诚为人之本与！"⑦

为了网罗理学人才，康熙帝于康熙十七年（1678年）下诏设博学鸿词

① 《圣祖仁皇帝实录》（三）（卷二四九），中华书局1985年版，第466页。
② 除孔子本人、孔门四圣（复圣颜回、宗圣曾参、述圣孔伋、亚圣孟轲）之外，在孔庙祭祀的还有"十哲"，即孔子七十二弟子中的代表人物，分别为：闵损、冉雍、端木赐、仲由、卜商、冉耕、宰予、冉求、言偃、颛孙师。康熙五十一年，朱熹升为十哲之次；乾隆三年，朱熹同孔子的学生有若一同升为十二哲，至此，从祀孔子的"十二哲"在大成殿中固定下来。
③ 何炳棣：《清代在中国历史上的重要性》，《清史译文》1980年第1期。
④ （清）朱彝尊著；王利民校点：《曝书亭全集》，吉林文史出版社2009年版，第413页。
⑤ （宋）黎靖德编；王星贤点校：《朱子语类》，中华书局1986年版，第210页。
⑥ （清）爱新觉罗·玄烨：《庭训格言》，中州古籍出版社2010年版，第13页。
⑦ （清）爱新觉罗·玄烨：《庭训格言》，中州古籍出版社2010年版，第39页。

科："我朝定鼎以来，崇儒重道，培养人才。……凡有学行兼优，文词卓越之人，不论已仕未仕，令在京三品以上及各科道官员，在外督抚布按，各举所知，朕将亲试录用。"①随后，康熙帝亲自阅卷，从参加考试的一百四十三人当中，点取了一等、二等共计五十人，或任命翰林院侍讲、侍读，或任命翰林院编修等职。其中，被后世誉为"理学名臣"的汤斌，即是博学鸿儒科中被取中的，随后担任经筵讲官，为康熙帝授课，有"帝王师"的美誉。

有学者认为，博学鸿词科的开设标志着康熙帝"崇儒重道"国策的巨大成功，它通过展示清廷尊崇儒学的学术文化氛围，从而成功笼络了汉族知识分子，为清朝统治的巩固提供了文化和心理上的双重保证。②

第三节　康熙帝对"道统"话语权的占有

要解决道统问题，构建道统形象，仅靠尊崇道统的信仰昭示是远远不够的，因为这只能说明康熙帝在信仰层面的皈依，但若是不能在文化、理论层面胜过道统的一贯执掌者——士大夫阶层，是不能够实现"君师合一"的。为此，康熙帝采取了许多积极的手段来占有道统话语权，主要可分为两类：其一是通过塑造自身"儒家学术权威"的形象来同儒家士大夫争夺道统话语权；其二是通过对儒家士大夫的打压来剥夺他们的道统话语权。在这些手段当中，科学技术、尤其是西方科技起到了重要的作用，对儒者的震慑力更强，例如康熙帝编纂科技典籍，利用天文、历算、音律等问题来训导儒者等等。因本书随后将重点讨论科技问题，故此处暂不赘述。

一、"学术权威"形象的塑造：争夺道统话语权

王夫之曾说过："天下之大防二：中国、夷狄也，君子、小人也"；"夷狄之

---

① （清）章梫纂，褚家伟等校注：《康熙政要》，中共中央党校出版社1994年版，第284页。

② 陈祖武：《清初学术思辨录》，中国社会科学出版社1992年版，第35页。

于华夏,所生异地;其地异,其气异矣。气异而习异,习异而所知所行蔑不异焉"。① 这种"夷夏之防"的种族观念,始终暗含着一种"对文明的价值评判"②,这使得清初诸帝的内心普遍存在着一种文明上的自卑感。这一点极其明显地表现在了康熙帝身上,他对文化的追求胜过了前朝所有的帝王,被认为是历史上最勤奋、最博学的皇帝。康熙帝自八岁登基,即开始"黾勉学问","逐日未理事前,五更即起诵读;日暮理事稍暇,复讲论琢磨。竟至过劳,痰中带血,亦未少辍"③。与康熙帝过从甚密的西方传教士也常感慨康熙帝的好学,认为其"对知识的渴求几乎到了难以置信的程度",并且"其知识的渊博几乎超过常人所能达到的程度,以至于在选拔高级官员的科举考试中,他被认为是一个非常严厉的主考官"④。这一切皆源于康熙帝十分清楚:要争夺道统话语权,胜任"师"的角色而塑造"君师合一"的形象,就需要成为儒家学术上的权威。在此过程中,宫廷经筵日讲与御制典籍起到了非常重要的作用。

（一）经筵日讲

"经筵"是皇室为讲论经史而设的御前讲席,是皇帝接受儒家经典教育的一种重要制度,始于唐宋,延续至元、明、清。在经筵讲读中,讲者是儒者,听者是皇帝。

康熙帝对经筵日讲非常重视,康熙十年(1671 年)开始实行讲官按日进讲的制度,此后一直持续了十五年的时间。其间,即便外出巡游、避暑,康熙帝也始终命讲官跟从,从无间断。三藩叛乱之时,翰林院以战事紧急、军务繁忙为由,奏请改为隔日进讲,被康熙帝以"日讲关系重大,日月易迈,恐致荒疏"为由拒绝,仍然坚持每日进讲,"未尝一日间辍"⑤。随着康熙帝学问

---

①　(明)王夫之:《读通鉴论》,中华书局 1975 年版,第 372 页。

②　葛兆光:《中国思想史》(下),复旦大学出版社 2009 年版,第 386 页。

③　(清)爱新觉罗·玄烨:《庭训格言》,中州古籍出版社 2010 年版,第 15—16 页。

④　[德]G.G.莱布尼茨著,[德]李文潮、张西平主编,[法]梅谦立、杨保筠译:《中国近事——为了照亮我们这个时代的历史》,大象出版社 2005 年版,第 264 页。

⑤　赵之恒等:《大清十朝圣训》,燕山出版社 1998 年版,第 194 页。

的日益精进，日讲官也倍感压力，康熙二十四年（1685年）四月，翰林院上奏称："臣等会同詹事等官正在昼夜撰拟日讲讲章，伏乞皇上少缓进讲，俾得陆续撰拟进呈。"①然而康熙帝的批复仍然是："仍著按日进讲，其讲章尔等撰拟后，节次进呈。"②

康熙帝为什么对经筵日讲如此之重视呢？因为这是他向儒家士大夫争夺道统话语权的一个重要的场所。康熙帝对传统经筵讲席的形式进行了抨击："朕观前代讲筵，人主惟端拱而听，默无一言。如此，则人主不谙文义，臣下亦无由而知之。若明万历天启之时，何尝不举行经筵？特存其名耳，何裨实用！"③为此，康熙帝主导了经筵日讲形式的变革，这里有两点是特别值得注意的：

一是自己先行宣讲。他首先宣称，"朕御极五十年，听政之暇，勤览书籍，凡四书、五经、通鉴、性理等书，俱经研究"，强调自己在儒家学术上的权威性；然后要求："每儒臣逐日进讲，朕辄先为讲解一过。"④

二是增加"覆讲"环节。康熙十四年（1675年），康熙帝下旨在经筵日讲当中加入"覆讲"环节："日讲原期有益身心，增长学问，今止讲官进讲，朕不覆讲，但循旧例，日久将成故事，不惟于学问之道无益，亦非所以为法于后世也。嗣后进讲时，讲官讲毕，朕仍覆讲。如此互相讨论，庶几有裨实学。"⑤这种"覆讲"后来逐渐成为一种"御论"制度：满汉讲官均讲授完毕后，由皇帝宣讲御论，"各官跪聆"。⑥

这样一来，康熙帝和儒臣、帝王和儒家士大夫的角色发生了转换：皇帝变成了"师"，儒者变成了"生"。于是，皇帝占有了经典解释权、道统话语

---

① 《圣祖仁皇帝实录》（二）（卷一二〇），中华书局1985年版，第268页。
② 《圣祖仁皇帝实录》（二）（卷一二〇），中华书局1985年版，第268页。
③ 《圣祖仁皇帝实录》（三）（卷二四五），中华书局1985年版，第432页。
④ （清）章梫纂，褚家伟等校注：《康熙政要》，中共中央党校出版社1994年版，第130页。
⑤ 《圣祖仁皇帝实录》（一）（卷五四），中华书局1985年版，第702—703页。
⑥ （清）吴振棫：《养吉斋丛录》，北京古籍出版社1983年版，第53页。

权,俨然道统的化身,具有了"君师合一"的"圣王"形象。

（二）御制典籍

康熙一朝,对许多重要的儒家经典都进行了汇编、刻印,并且与其他朝代帝王不同,康熙朝的御制典籍并非简单地冠以名义上的"御制",而是经过了康熙帝的亲自指导、审定。从康熙帝为御制典籍所作的诸多序言中可见,大多数御制典籍都是由康熙帝亲自选定,制定编注的标准,待儒者们初步编纂完成后,康熙帝还要"亲加考订,一字一句必溯其源流,条分缕析,其有征引讹误及脱漏者,随谕改定"①。遇到康熙帝十分重视的儒家典籍,他为之耗费的时间、精力就更多,甚至要将其译成满文。例如,对于朱熹所编纂的《通鉴纲目》,康熙帝就尤为看重,认为该书"煌煌乎典章之总会,而治道之权衡也"②,于是将《资治通鉴》、《资治通鉴纲目》、《纲目大全》三书互为对照,亲加修订、疏解,历时三年才告成,"立有程课,自元旦以至岁除,未尝有一日之间,即巡幸所至,亦必以卷帙自随"③。此种对文化的热衷,向学的态度,实为历代帝王之罕见。当然,在为满文版的《御制通鉴纲目》所作的序言中,康熙帝也"直白"地道出了自己真正的目的:"斯作君之道出其中,而作师之道亦出其中矣,是又朕惓惓此书之意也夫。"④一切还是源于"既作君亦作师"的需要。

通过御制典籍,康熙帝进一步表明了自己崇儒重道的学术立场和维护道统传承的态度,"宋儒始有性理之名,使人知尽性之学不外循理也。……临莅日久,玩味愈深,体之身心验之政事,而确然知其不可易"⑤。康熙帝被儒者们视为自朱子之后传承道统的圣王,自然要表达视儒学尤其是理学为不二之理的态度。并且,由于康熙帝既是御制典籍的"主编",又是"终审",

---

① （清）爱新觉罗·玄烨:《御选唐诗序》,载查清华等编:《历代唐诗论评选》,河北大学出版社 2003 年版,第 957 页。

② 《圣祖仁皇帝实录》(二)(卷一五〇),中华书局 1985 年版,第 666 页。

③ 《圣祖仁皇帝实录》(二)(卷一五〇),中华书局 1985 年版,第 666 页。

④ 《圣祖仁皇帝实录》(二)(卷一五〇),中华书局 1985 年版,第 666 页。

⑤ （清）爱新觉罗·玄烨:《康熙帝御制文集》,台湾学生书局 1966 年版,第 2294 页。

其学术好恶在很大程度上影响到了清初的学术走向。例如,康熙帝认为前朝纂修的《性理大全》①太过繁杂,不但有许多相类似的学说,而且很多学说之间是矛盾的,于是亲自授意李光地"省其品目、撮其体要";不仅如此,康熙帝还将前人未曾多涉及、但自己尤为关注的图象、律历等内容掺杂其中,编成《御制性理精义》。

即便抛开御制典籍本身的影响,康熙帝为其亲自裁定、疏解、校对的过程本身,就为其赢得了儒者们的赞叹:"虽诸臣众手合作之书,实我皇上一心裁定之书也云云"②;"不独古来好学圣王远不能及,既夙学名儒亦不能似此"③。这也正是康熙帝一直追求的,即超越于儒者之上,作儒者之"师"。

二、对儒家士大夫的打压:剥夺道统话语权

清朝皇权剥夺士大夫话语权的措施很多,文字狱就是其极端表现。但在康熙朝,文字狱还不多,文禁较宽。康熙帝打压儒家士大夫,最常见的方式是凭借逐步塑造的"学术权威"的形象来训导儒者。相比于"文字狱"等直接用皇权来压制士人的方式,此种做法实际上对儒者的心理影响更大更深。

康熙帝曾提出真假理学的判定标准,认为:"终日讲理学,而所行之事,全与其言背谬"的人所秉承的不是真正的理学;反之,"若口虽不讲,而行事皆与道理吻合,此即真理学也"。④ 康熙帝以此批评过多位理学名臣,如对昔日的老师熊赐履,康熙帝批评道:"昔熊赐履自谓得道统之传,其没未久,即有人从而议其后矣。今又有自谓得道统之传者,彼此纷争,与市井之人何异?"⑤康熙三十三年(1694 年),康熙帝以"理学真伪论"为题,召试翰林官

---

① 该书为明代胡广等人奉敕编纂,共收录宋代理学一百二十家学说,为理学家著作、言论的汇编。

② (清)纪昀总纂:《四库全书总目提要》,河北人民出版社 2000 年版,第 3481 页。

③ 中国第一历史档案馆整理:《康熙起居注》,中华书局 1984 年版,第 1340 页。

④ 《圣祖仁皇帝实录》(二)(卷一一二),中华书局 1985 年版,第 158 页。

⑤ 《圣祖仁皇帝实录》(三)(卷二六六),中华书局 1985 年版,第 613 页。

员，并借此对熊赐履、汤斌、李光地等理学名臣一一斥责：

> 召试翰林官于丰泽园，出"理学真伪论"。此亦书籍所有成语。
>
> 熊赐瓒见此，辄大拂其意，应抬之字竟不抬写，不应用之语辄行妄用。
>
> 原任刑部尚书魏象枢，亦系讲道学之人。先年吴逆叛时，着议政王大臣议奏发兵，魏象枢云："此乌合之众，何须发兵？昔舜诞敷文德，舞干羽而有苗格。今不烦用兵，抚之自定。"与索额图争论成隙。后十八年地震时，魏象枢密奏："速杀大学士索额图，则于皇上无干矣！"朕曰："凡事皆朕听理，与索额图何关轻重？"道学之人，果如是挟仇怀恨乎？
>
> 又李光地、汤斌、熊赐履，皆讲道学之人，然而各不相合。李光地曾授德格勒《易经》，李光地请假回籍时，朕召德格勒进内讲《易》，德格勒奏言："李光地熟精兵务，其意欲为将军提督，皇上若将李光地授一武职，必能胜任。"反复为李光地奏请，尔时朕即疑之。德格勒又奏："熊赐瓒所学甚劣，非可用之人。"朕欲辨其真伪，将德格勒、熊赐瓒等考试，汤斌见德格勒所作之文，不禁大笑，手持文章堕地，向朕奏云："德格勒文甚不堪，臣一时不能忍笑，以致失仪。"既而汤斌出，又向众言："我自有生以来，未曾有似此一番造谎者，顷乃不得已而笑也。"使果系道学之人，惟当以忠诚为本，岂有在人主之前作一等语，退后又别作一等语者乎？今汤斌虽故，李光地、德格勒现在也。
>
> 又熊赐履所著《道统》一书，王鸿绪奏请刊刻颁行学宫，高士奇亦为作序，乞将此书刊布。朕览此书内过当处甚多。凡书果好，虽不刻，自然流布，否则虽刻何益？道学之人，又如此务虚名而事干渎乎？

今将此等处不过谕尔等闻知。朕惟以治天下国家之道存之于心，此等人议论又何足较也！①

由整个过程可见，康熙帝对理学名臣的批评大致分两类：一是批评其所学不精，如认为熊赐履所著《道统》一书差谬甚多，若将此书刊刻颁布学宫，是在违背道学、追求虚名；二是批评其行为与其所讲不合道学，如熊赐瓒不写敬语、用词不当，魏象枢心怀私念、公挟私仇，汤斌言辞前后不一，等等。这样，从学术到行为，康熙帝就将儒臣们全方位地压制了，将他们从道统学术权威的行列中驱逐出去。

康熙帝对儒者的训导不仅涉及理学名臣，而且及于普通士子。例如，康熙帝以"君师"身份亲制训言，从躬修实践、写作文章、穷经讲业等方面训导儒生："乃比来士习未端，儒教罕著，虽因内外臣工奉行未能尽善，亦由尔诸生积锢已久，猝难改易之故也"；所以，要先立品行，后攻学术，否则"苟行止有亏，虽读书何益"。②

"师"的作用就是不但训斥，而且教导，这两方面，康熙帝都做到了，俨然"君师合一"的形象。

---

① 《圣祖仁皇帝实录》（二）（卷一六三），中华书局1985年版，第785页。
② 《圣祖仁皇帝实录》（三）（卷二〇八），中华书局1985年版，第116页。

第二章 "作君作师"：西方科技对
康熙帝圣王形象塑造的意义

由前文的论述可见，为了以治统兼并道统，塑造"道治合一"的圣王形象，康熙帝做出了一系列的努力，并取得了很大的成效。然而在学界迄今对整个过程所进行的研究和分析里，科学技术所发挥的重要作用却一直为人们所忽略。实际上，在康熙帝争夺道统、维护治统的过程中，科学技术、尤其是西方科技扮演了重要角色。康熙帝对西方科技的利用，绝非简单地源于兴趣，而是源于在清初的历法争斗中发现了它补救中国科技危机、维护皇权统治的作用，并由此而走上了利用西方科技塑造其"道治合一"圣王形象的道路。

第一节 "断人是非"之需：西方科学
对康熙帝的初次触动

清初"杨光先历狱案"是康熙帝关注、学习西方科学的肇端，这个时间点的确定之所以如此清晰，是因为康熙帝在《御制三角形推算法论》一文中对此问题的亲述：

> 康熙初年，因历法争讼，互为评告，至于死者，不知其几。康熙七年，闰月颁历之后，钦天监再题，欲加十二月又闰，因而众论纷纷，人心不服，皆谓：从古有历以来，未闻一岁中再闰。因而诸王九

卿等再三考察,举朝无有知历者。朕目睹其事,心中痛恨,凡万几余暇,即专志于天文历法一十余载,所以略知其大概,不至于混乱也。①

在对皇子的一次训谕中,他更直接地陈述了学习西方科学的缘由:

尔等惟知朕算术之精,却不知我学算之故。朕幼时,钦天监汉官与西洋人不睦,互相参劾,几至大辟。杨光先、汤若望于午门外九卿前当面赌测日影,奈九卿中无一知其法者。朕思己不知,焉能断人之是非? 因自愤而学焉。今凡入算之法,累辑成书,条分缕析,后之学此者视此甚易,谁知朕当日苦心研究之难也!②

康熙帝对自己学习西方科学之缘由的多次讲述,一方面确实使得时间节点更为清晰地锁定在"杨光先历狱案";另一方面却也造成了后世研究者的一种"误解",即从"略知其大概,不至于混乱也"、"朕思己不知,焉能断人之是非"等话语,简单直接地得出结论:康熙帝学习西方科技的原因,是想通过丰富自身的科学知识来"断人是非",进而达到向大臣、尤其是汉族大臣炫耀的目的。于是,便可以进一步得出如下结论:康熙帝对为炫耀而用的西方科学的探究并不深入,并将其视为一己之私,禁锢在宫廷之内,最终阻碍了科学技术的传播和发展。

但实际上,"杨光先历狱案"给康熙帝的触动远远不止于此。"举朝无有知历者"、"九卿中无一知其法者"使康熙帝认识到的不仅仅是群臣科学知识的匮乏,更令其体会到了中国传统天文历法的落后,此种科学技术的危机将是对治统、道统的双重损害。康熙帝因"目睹其事,心中痛恨",故而萌发了通过学习西方科技来补救中国科技危机、拓展"道统"内涵、维护皇权"治统"的决心。

---

① (清)爱新觉罗·玄烨:《康熙帝御制文集》,台湾学生书局 1966 年版,第 1623 页。
② (清)爱新觉罗·玄烨:《庭训格言》,中州古籍出版社 2010 年版,第 119—120 页。

一、"杨光先历狱案"——中国科学技术的危机

中国古代的科学技术十分发达,曾长期居于世界的领先地位,然而从明代中后期开始,却逐渐落后于西方发达国家,这从明末来华的西方传教士罗明坚(Michele Ruggieri,1543-1607)、利玛窦(Matteo Ricci,1552-1610)等人所采取的"科学传教"的路线便可见一斑。传教士带来的望远镜、自鸣钟、三棱镜等科学仪器,展现的几何学、物理学、机械学等科学新知令士人们极度赞叹,从而为传播天主教开辟了一条便利之路。利玛窦曾经如此评价中国的天文学:"他们花费很多时间来确定日月蚀的时刻以及行星和别的星的质量,但他们的推论由于无数的错讹而失误"①。该评价也从一个侧面展现出中国科学技术的危机状况,而清初历法之争即是这种危机的典型事例。

明末清初的历法之争,可以追溯到明初沿用元朝《授时历》之时。尽管有官员建议明太祖修订《授时历》,可最终基本未经修改便沿袭使用,只是更名为《大统历》。因为年久失修,该历误差越来越明显,"交食往往不验",虽屡屡有官员上书请求改历,却一直遭到朝廷保守派"古法未可轻变"②的驳斥。直至崇祯二年(1629年),因钦天监据《大统历》、《回回历》所推算的日食不准,而徐光启根据西法的推算却丝毫无误,崇祯帝才命徐光启成立历局,主持改历。徐光启所持的是"镕彼方之材质,入大统之型模"③的中西会通理念,即在中法既有的模式和框架内吸取西法的优长之处,使之融会贯通。然而,在魏文魁、冷守忠等保守派看来,这无异于"以夷变夏"。虽然在多次测算验证当中,徐光启根据西法的推算"屡测交食凌犯俱密合"④,并且,崇祯帝也称"已深知西法之密"⑤,然而,在保守派的阻挠、加之明末战乱

---

①　[意]利玛窦,[比]金尼阁著,何高济、王遵仲、李申译:《利玛窦中国札记》(上),商务印书馆、中国旅游出版社 2017 年版,第 68 页。

②　(清)张廷玉:《明史》(第一册),岳麓书社 1996 年版,第 279 页。

③　(明)徐光启:《徐光启集》(下),上海古籍出版社 1984 年版,第 374—375 页。

④　(清)张廷玉:《明史》(第一册),岳麓书社 1996 年版,第 295 页。

⑤　(清)张廷玉:《明史》(第一册),岳麓书社 1996 年版,第 297 页。

的情形下，新历法最终并未得到颁行。

清朝入主中原后，汤若望抓住时机，反复上疏细述西洋新法的优长，如"全书阐明千古未发之秘"、"新法屡屡密合于天矣"①等，并在现场测验中证明了西洋新法的准确性，取得了清廷的信任，令其主持编制新历，此即为《时宪历》。顺治元年（1644年），汤若望被任命为钦天监监正，他在随后的一两年内，加紧修订《崇祯历书》，将其改编成《西洋历法新书》，此为《时宪历》上"依西洋新法"字样的来由。

汤若望执掌钦天监，西洋历法颁行天下，致使清初历法之争进入了一个剑拔弩张的阶段。顺治十四年（1657年），被革职的回回科官员吴明烜②两次上书弹劾汤若望，后虽因所述不实而获罪，却得到了杨光先等一派保守士人的响应，这即是"杨光先历狱案"之始。

从顺治十六年（1659年）杨光先喊着"宁可使中夏无好历法，不可使中夏有西洋人"的口号，③上书攻击汤若望等人，导致汤若望被革职，李祖白等五名受教于西方传教士的中国官员被处以极刑开始，到康熙帝亲政后重审此案，判定西法获胜为止，"杨光先历狱案"经历了多个发展阶段。为了使"杨光先历狱案"的脉络更加清晰，特将其中的主要事件梳理如下：

时间	事　件
顺治十六年 （1659年）	五月，杨光先作《摘谬十论》，指出汤若望《时宪历》中存在的错误。④

---

①　故宫博物院编：《西洋新法历书》（第一册），海南出版社2000年版，第5页。

②　即吴明炫，为避康熙帝名讳而更名。具体考证参见黄一农：《吴明炫与吴明烜——清初与西方抗争的一对回回天文家兄弟?》，载台湾《大陆杂志》第四十八卷第四期，145—149页。

③　（清）杨光先等撰；陈占山校注：《不得已（附二种）》，黄山书社2000年版，第79页。

④　杨光先所作《摘谬十论》中指出的十处错误分别为：不用诸科较正之新、一月有三节气之新、二至二分长短之新、夏至太阳行迟之新、移寅宫箕三度入丑宫之新、更调觜参二宿之新、删除紫气之新、颠倒罗计之新、黄道算节气之新、历止二百年之新。参见（清）杨光先等撰，陈占山校注：《不得已（附二种）》，黄山书社2000年版，第43—46页。

续表

时间	事件
顺治十七年 （1660年）	杨光先刊出《辟邪论》三章，①批驳天主教义。 十二月初三，杨光先向礼部呈上《正国体呈》诉状，主要控告《时宪历》上写有"依西洋新法"五个字，这是表明汤若望有"窃正朔之权以予西洋"之意图，并再次指出该历法的一系列错误，②但礼部并未受理。③
康熙元年 （1662年）	耶稣会士利类思撰《天学传概》自辩。
康熙三年 （1664年）	三月十五日，杨光先上书许之渐御史，痛陈天主教之害。 七月二十六日，杨光先呈《请诛邪教状》参劾汤若望。 八月初六，汤若望等在京传教士遭到会审。 十二月初一，日食，三种天算学派当场测验。④
康熙四年 （1665年）	三月，杨光先进呈《摘谬十论》，指责汤若望"只进二百年历"，诅咒清朝短命。随后又作《选择议》，指责汤若望选择荣亲王葬期不用正五行，误用洪范五行，山向年月俱犯忌杀。 四月，汤若望被判处死刑；利类思、安文思、南怀仁被判充军；李祖白、宋可成等五名中国官员被处死。⑤ 清政府授杨光先为钦天监监右，他本人以"但知推步之理，不知推步之数"为由请求辞职，但未被批准。 五月，杨光先到钦天监供职，又三次辞职，不准。 七月，杨光先补为监正。 八月，杨关先第五次辞职。 九月，杨关先被授为监正，上谕令："着即受职办事，不得渎辞"。

---

① 《辟邪论》分为上、中、下三章，后附《邪教三图说评》，有耶稣立在架子上行刑的图像，主旨为说明天主教为异端、邪教，其教义悖理反道。参见（清）杨光先等撰，陈占山校注：《不得已（附二种）》，黄山书社2000年版，第16—34页。

② 《正国体呈稿》当中指责《时宪历》的主要错误有：置闰之法不当、立春之日判断失误。参见（清）杨光先等撰，陈占山校注：《不得已（附二种）》，黄山书社2000年版，第36—37页。

③ 礼部并没有针对杨关先的诉状对天主教及其汤若望等人问罪，只是将《时宪历》封面题字改为："礼部奏准"。

④ 关于此事的记载，不同立场的史料之间出入较大。康熙三年十二月初一为西历1665年1月16日，《汤若望传》中记录为汤若望的推算正确，其他两种算法全然不对，"政府公报登时便把欧洲天算的胜利公布全国。中国与回回两方面之天算家不得不具画押以承认他们的错误"。参见魏特：《汤若望传》（下册），知识产权出版社2015年版，第159—160页。但根据《不得已》和《畴人传》的记载，却有相反的结果。"康熙三年十二月初一戊午朔，合朔未正三刻二分。西洋汤若望推算日食八分九十二秒，初亏，申正一刻强……。与天象全不合。旧法何雒书推算日食八分五十六秒，初亏，未正三刻……。此与天象有八分合。"参见（清）阮元等撰，冯立昇、邓亮、张俊峰校注：《畴人传合编校注》，中州古籍出版社2012年版，第319页。

⑤ 此案判决之后，京城接连发生地震及异常的星象，朝廷大赦犯人，传教士被免罪释放，只李祖白、宋可成等五人被斩，汤若望被释放后不久即在京病逝。

续表

时间	事　件
康熙七年 （1668 年）	十月，因钦天监官员计算历法差错甚多，朝廷命钦天监监副吴明烜亲自推算。 十一月，康熙帝派人带杨光先、吴明烜编制的康熙八年历书向南怀仁征求意见，南怀仁指出其中有多处舛误。① 康熙帝谕令大臣"尔等勿怀夙仇，各执己见，以己为是，以彼为非，互相争竞。执者为是，即当遵行，非者更改，务须实心将天文历法详定，以成至善之法。"②但中西各方固执己见，争论并无定论。 十二月，康熙帝谕令召开议政王、贝勒、大臣、九卿科道会议，讨论中西历法争论问题。
康熙八年 （1669 年）	一月，康熙谕令在观象台进行公开测验。随后，图海、李蔚等 20 名官员会同钦天监人员与南怀仁等共同进行了五次测验，③其结果是南怀仁大获全胜。议政王大臣会议建议将次年历日交由南怀仁推算，康熙帝谕令重审此案，确定后再议。④ 二月，议政王大臣等再议钦天监事，认为南怀仁推算之法上合天象，而杨光先"历算差错不能修理，左祖吴明烜，妄以九十六刻算乃西洋之法必不可用，应革职，交刑部从重议罪。" 南怀仁被任命为钦天监监副，⑤并被安排重新推算历法，主持改造观象台的天文仪器。 五月，鳌拜被擒。 八月，康熙帝恢复汤若望"通微教师"称号，归还天主教堂建堂基地，李祖白等同时受牵连的钦天监官员亦得平反，官复原职。本应处死刑的杨光先被宽免处理，发遣回原籍，沿途病发而死。

---

　　①　南怀仁称在穆斯林历书中发现了一百多处错误，他将这些错误和详细解释编成了一本册子，由礼部尚书呈交给了皇帝。参见［比］南怀仁著，［比］高华士英译、余三乐中译：《南怀仁的〈欧洲天文学〉》，大象出版社 2016 年版，第 31 页。

　　②　《熙朝定案》，载韩琦、吴旻校注：《〈熙朝崇正集〉〈熙朝定案〉（外三种）》，中华书局 2006 年版，第 49 页。

　　③　这五次测验包括：立春日、木星的位置、火星的位置、月亮的位置、太阳在双鱼座的位置等。参见［比］南怀仁著，［比］高华士英译、余三乐中译：《南怀仁的〈欧洲天文学〉》，大象出版社 2016 年版，第 37 页。

　　④　康熙帝谕旨为："杨光先前告汤若望时，议政王大臣会议，以杨光先何处为是、据议准行，汤若望何处为非、辄议停止，及当日议停今日议复之故，不向马祜、杨光先、吴明烜、南怀仁问明详奏，乃草率议复，不合。着再行确议。"参见《圣祖仁皇帝实录》（二）（卷一百三十），中华书局 1985 年版，第 386 页。

　　⑤　礼部原建议任命南怀仁为钦天监监正，康熙帝认为任职过高，驳回了该奏疏。参见《熙朝定案》，载韩琦、吴旻校注：《〈熙朝崇正集〉〈熙朝定案〉（外三种）》，中华书局 2006 年版，第 55 页。

对于"杨光先历狱案"过程当中牵扯到的宗教、政治等斗争,学界已经有过各种研究分析。例如,有学者认为历狱案的发生和发展深受康熙帝与鳌拜等人朝廷政治斗争的影响,杨光先起先是由于鳌拜等守旧的官僚贵族的偏袒而获得了部分胜利,致使汤若望等传教士身陷囹圄,随后又复被南怀仁弹劾为依附鳌拜、诬陷汤若望等人,历狱案最终翻案。所以,"从学理上说来错的不是汤若望而是杨光先,获得胜利的也不是杨光先而是鳌拜。杨光先不自觉地充当了宫廷斗争的牺牲品或替罪羊"①。也有学者通过考察历狱案中天主教与回教天文家之间的争斗,认为身为钦天监监正的汤若望为了让天主教天文家执掌钦天监,一直利用各种机会排挤其他派别的天文家。钦天监中使用《大统历》的官生被迫改习新法,回回官科官员虽获准继续留监,但在监中原负责的各项职事,皆被次第剥夺;"由于监中的回族天文家均以天算为世业,汤若望打压回回科的举措,因此直接威胁其生计,造成两派天文家间势如水火",所以杨光先在掀起历狱案之时,回回天文家即被其引为奥援。②

毫无疑问,"杨光先历狱案"涉及了不同的利益群体,虽是由历法准确性这一科学问题所引发,然而却有宗教、民族、政治等多种因素掺杂其中。

在传教士与杨光先的第一次交锋中,杨光先的胜利即是因为科学因素的影响力降到了最低。杨光先共指出了汤若望等人的三类错误:其一,历法推算的技术性错误。如仅凭一己推算,而不用回回科、天文科、漏刻科等诸科进行校正;算节气不用赤道十二宫而改用黄道阔狭之宫,导致节气有诸多误差等。其二,违背古制,不遵循定法、定理。如每个月有一个节气、一个中气,新法推算却使得一月之内有两月的节气;新法因太阳之行有迟有疾,改变立春时间,违背礼制。其三,对清廷与皇室的不敬。如指责汤若望只制订了二百年的历法,意图诅咒大清王朝短命;选择荣亲王葬期不当,导致山向

---

① 马勇:《中华文明·中国文明通论》,福建教育出版社 2010 年版,第 450 页。
② 黄一农:《清初天主教与回教天文家间的争斗》,《九州学刊》1993 年第 3 期。

年月俱犯忌杀。最终使传教士身陷囹圄的,主要是杨光先对其后两个错误的指责,纯粹科学的因素几乎没有。

而在传教士与杨光先的第二次交锋中,传教士之所以能够转败为胜,则是因为科学的因素成为了评判的主要标准。作为主导这场转变的最为关键的人物——康熙帝排除一切干扰,用纯粹的科学标准来为这场持续已久的争论做最后判决,主要源于他从传统历法的屡验屡败中意识到了中国科学技术的危机,以及此种危机可能为皇权统治带来的危害。

二、中国科学技术危机对皇权统治的威胁

中西历法之争之所以能够发生,并最终引起康熙帝的极大关注,主要是因为天文历法在中国政治统治中有重要的位置,这个位置极为重要,同样也极为敏感。要厘清这个问题,需首先澄清一下中国古代所言"天文"和"历法"的区别。

杨光先在《不得以》中明确区分了二者："明祖禁习天文,未尝禁习历法也。盖天文观星望气,詹验妖祥,足以惑乱人听,动摇人心,故在所禁。若历法乃圣帝明王敬天勤民之实政,岂亦所宜禁哉?"① 梅文鼎也强调了二者的区别："以日月晕抱珥虹蜺,彗孛飞流,芒角动摇,预断未来之吉凶者,天文家也。本躔离之行度,中星之次,以察发敛进退,敬授民事者,历家也。"② 由此可见,中国古代的历法,主要任务是计算日、月、五星的运行规律,制定历法、编写历书,敬授民时;而中国古代的天文学,即星占学,"专言军国大事,诸如战争胜负、年岁丰歉、王朝兴衰、帝王安危等"③。也正是因此,许多精于历算的儒士们往往再三强调自己研究的是历法,而并非天文。历朝历代也都对"私习天文"者非常警惕,例如《唐律》当中规定私藏"玄象器物、天文

---

① (清)杨光先等撰,陈占山校注：《不得已(附二种)》,黄山书社 2000 年版,第 54 页。
② (清)梅文鼎撰,张静河点校：《绩学堂诗文钞》,黄山书社 2014 年版,第 35 页。
③ 江晓原：《天文、巫咸、灵台——天文星占与古代中国的政治观念》,《自然辩证法通讯》1991 年第 3 期。

图书"、"私习天文"者都要判处两年刑罚①,并且将私习天文同"损伤人身"、"奸污良人"等罪名一样,排除在可自首的范畴之外②。

实际上,为皇权所用的天学都是将中国古代天文、历法的功能交织在一起,即一方面制定历法、敬授民时,另一方面,将其视为通天、通神的手段,通过观测天象的变化来预测人间吉凶祸福,甚至可以说,"在中国古代,皇家天文机构从一开始就不是一个科学机构,而是政治机构,是统治阶级通天通神体系中最重要的组成部分之一"③。也正因此,统治者往往对天学抱有矛盾心态,一方面,规定律法严禁民间私习天文;另一方面,又需要精通天算的人才,以便能更好地预测与诠释天象变化。例如明仁宗曾责备名儒杨士奇等人不知天象,称禁止私习天文的律法"为民间设耳,卿等国家大臣,与国同休戚,安得有禁"④。

对于天文历法在皇权统治当中的意义,传教士们也都十分清楚。利玛窦曾说:"目前管理天文研究的这个家族的始祖,禁止除以世袭入选者之外的任何人从事这项科学研究,禁止的原因是害怕懂得了星象的人,便能够破坏帝国的秩序或者是寻求这样做的机会。"⑤南怀仁还分析过朝廷颁布历书的政治作用:"事实上,在中国人和其邻国的君主中,历书就是具有这样的权威性! 历书在指导国家事务的权威作用也是如此。当某个人接受了一个帝国的历书,就可以表示他已经臣服和从属于这个帝国了。"⑥利玛窦所谈的即是上文所提及历朝历代的统治者都试图将"通天"、"通神"的功力笼罩在皇权之下,也就是涉及天文历法的问题一般较为敏感的原因所在。而南

①　(唐)长孙无忌:《唐律疏议》卷九,四部丛刊三编景宋本。

②　(唐)杜佑:《通典》,卷一百六十五刑三,清武英殿刻本。

③　江晓原:《中国古代历法与星占术:兼论如何认识中国古代天文学》,《大自然探索》1988 年第 3 期。

④　(明)王鏊:《震泽长语》(卷上),清指海本。

⑤　[意]利玛窦、[比]金尼阁:《利玛窦中国札记》,中华书局 2010 年版,第 33 页。

⑥　[比]南怀仁著,高华士、余三乐译:《南怀仁的〈欧洲天文学〉》,大象出版社 2016 年版,第 76 页。

怀仁提到的历书的政治作用实际上还涉及了清初历法之争的另一个关键点——天文历法对皇权正统性、权威性的保障。

杨光先控告汤若望《时宪历》的"依西洋新法"是"暗窃正朔之权以予西洋，而明谓大清奉西洋正朔"①，这可谓非常严厉的指控。因为所谓"正朔"，尽管仅就历法而论，是指的正月（正）初一（朔）的确定，但在中国文化传统中，却是王朝统治上的正统性与合法性的标志。朝廷会每年厘定正朔，并向周围从属地区颁布历法。遇到改朝换代，新的朝廷需要重新厘定正朔，用以宣示天命传承："王者易姓受命，必慎始初，改正朔，易服色，推本天元，顺承厥意"②。对清王朝来说，这种正统性、权威性的宣示无疑非常重要。

所以，杨光先对西洋历法的攻击之所以能够得到相当一批儒者的支持，从而能够在第一次与传教士的较量中获胜，就源于其维护皇权统治的出发点。准确地说，在杨光先看来，对西洋新法的排斥就是对治统与道统的双重维护：

> 宁可使中夏无好历法，不可使中夏有西洋人。无好历法，不过如汉家不知合朔之法，日食多在晦日，而犹享四百年之国祚；有西洋人，吾惧其挥金收拾我天下之人心，如厝火于积薪之下，而祸发之无日也。③

> 今西洋人汤若望尽更羲和之掌故而废黜之，将帝典真不足据，则世间载籍当尽付之祖龙一火矣！……予不惧羲和之学绝而不传，惧载籍之祖之掌故不能取信于今日，使后之学者，疑先圣先贤之典册尽为欺世之文具，而学脉道脉，从斯替矣！④

杨光先认为，传教士用西洋新法替换传统历法，不仅是对皇室正统性的

① （清）杨光先等撰，陈占山校注：《不得已（附二种）》，黄山书社2000年版，第36页。
② （汉）司马迁：《史记》（上），吉林大学出版社2015年版，第165页。
③ （清）杨光先等撰，陈占山校注：《不得已（附二种）》，黄山书社2000年版，第79页。
④ （清）杨光先等撰，陈占山校注：《不得已（附二种）》，黄山书社2000年版，第40页。

侵害,更是对一以贯之的道统的侵害,如若遵循西洋历法,则中华"学脉道脉"俱断。然而,杨光先在捍卫皇权统治时,却忽略了一个问题,即:在中国古代社会文化中起重要作用的天文历法的准确性,本身就是保证"道统"与"治统"权威性的前提;一部谬误百出的历法,不但违背了儒家道统本身"日新"传统的要求,也会影响到帝王"观象授时"的政治任务,从而危害政权统治的威信。并且,对于一直致力于塑造自身"道治合一"圣王形象的康熙帝来说,他不仅有"帝王之治天下,以律历为先"①的治统的需要,还有"钦若昊天,历象日月星辰,敬授民时"②的作师作圣的需要。这才是康熙帝最终弃杨光先而用传教士、弃传统历法而用西洋新法的最根本的原因。

当然,康熙帝对"杨光先历狱案"的处理并不是一蹴而就的,儒士们对西洋新法及传教士的警惕和排斥,使得他一度对杨光先等中国学者抱有期望,认为中国历法人才或可补救此一危机,如此便可无中西之争。然而,杨光先、吴明烜等人却根本不具备准确推算历法的能力。对此,杨光先并无隐瞒,他曾五次辞谢清廷的任命,拒绝接受"钦天监监正"一职,并坦言:"臣思官以'钦天'名,必精于历数历理者方能胜任而无失。儒家但知历之理,而不知历之数;历家但知历之数,而不知历之理。"③吴明烜也称自己只懂天文,不知历法。传统历法的护卫者们反复强调"宁可使中夏无好历法,不可使中夏有西洋人",实际上意味着他们很清楚中国科学技术存在危机,却不能给出任何解决办法。

杨光先等人的态度和中国科技的实际情形让康熙帝清楚地意识到,保证历法的准确性,从而维护皇权统治,需要西洋科技。明末徐光启改历时的初衷是:想要明确天道运行规律,别无他法,只有"深伦理,明著数,精择人,审造器,随时测验,追合于天而已"④。在这一点上,康熙帝同明末亲近西学

① （元）脱脱等:《宋史》（卷六十八）,吉林人民出版社1998年版,第937页。
② 《尚书·尧典》。
③ （清）杨光先等撰,陈占山校注:《不得已（附二种）》,黄山书社2000年版,第82页。
④ （明）徐光启:《崇祯历书》（上）,上海古籍出版社2009年版,第67页。

的士大夫是一致的。但是,康熙帝利用西方科学塑造自身道统形象、巩固皇权统治的目的,又使得他所从事的科技活动的过程、效果等,呈现出明末士人迥然不同的状况。

三、康熙帝用西方科学补救中国科技危机的努力

康熙帝对"杨光先历狱案"的处理,一直多为后世研究者称颂,有学者认为康熙帝采取现场测验的方法来判定中西历法的先进性,既公平又准确,是极为明智之举,颇具科学实验精神。康熙帝采取现场测验的方法来判定历法的准确性,这一举动无疑是极为明智的,然而这并不能说康熙帝在当时就已经具备了科学实验精神。

首先,在明末、清初历法之争的过程中,一直有采取现场测验来判定输赢的传统。例如,崇祯二年(1629年)五月乙酉朔日食,徐光启依照西洋新法推算的结果是"顺天府见食二分有奇,琼州食既,大宁以北不食",而《大统》、《回回》所推算的时刻与徐光启不同,最后经实测验证,徐光启的推算是准确的。①

又如,顺治元年(1644年)八月,多尔衮派大学士冯铨与汤若望等同赴观象台测验日食,"其初亏、食甚、复圆时刻、分秒及方位等项,惟西洋新法一一吻合。大统、回回两法,俱差时刻云"。② 顺治十四年(1657年)四月,回回科秋官正吴明烜弹劾汤若望时称,"若望所推《七政书》,水星二、八月皆伏不见,今水星于二月二十九日仍见东方,八月二十四日又夕见"。顺治帝谕令大臣等共同测验,发现水星确实不见,吴明烜获诈妄之罪。③

再者,康熙帝向南怀仁询问有何种方法可以直接证明现有的历法是否与天体运行的规律相符,南怀仁向康熙帝介绍了现场日影观测术:

---

① (清)张廷玉:《明史》(第一册),岳麓书社1996年版,第287页。
② 《世祖章皇帝实录》(卷七),中华书局1985年版,第74页。
③ (清)阮元等撰,冯立昇、邓亮、张俊峰校注:《畴人传合编校注》,中州古籍出版社2012年版,第402—403页。

只要做简单的准备，即将任意一根标杆（或桌子、椅子）立在院子中央，阳光照射在标杆（或桌子、椅子）上，就会产生阴影。标杆阴影的长度是由太阳的高度决定的，因此每一天阴影的长度是不同的，但却是可以准确推算出的。高贵的大皇帝您确定一个日子、一个时间，我就可以准确地预测投影的长度，并且根据特定时间上太阳的高度，清楚地了解太阳在黄道带中的位置。因此判断历法的计算是否与天体的运行相一致。①

然而康熙帝之所以十分欣赏这种方法，一个重要的原因是这个方法也得到了南怀仁的反对派——杨光先、吴明烜等人的认同：

当皇帝问他们是否懂得这种（欧洲的）日影计算术时，那个轻率而又鲁莽的穆斯林人回答说，他懂。他说，这是一个非常可靠的明辨是非的方法。②

康熙帝正式决定采用现场日影观测法来比较中西历法的准确性，是在康熙七年（1668 年）十一月二十三日，他称："天文最为精微，历法关系国家要务，尔等勿怀夙仇，各执己见，以己为是，以彼为非，互相争竞。孰者为是，即当遵行，非者更改，务须实心将天文历法详定，以成至善之法。"③在此后的三天里，康熙帝组织官员们与南怀仁一同分别在北京观象台、紫禁城内接连进行了三次观测，④其准确的观测结果引发了现场震惊："当太阳到达正午的位置时，日影的顶端正好接触到我预先画的那条线上。这样即使是对

---

① ［比］南怀仁著，［比］高华士英译、余三乐中译：《南怀仁的〈欧洲天文学〉》，大象出版社 2016 年版，第 13 页。

② ［比］南怀仁著，［比］高华士英译、余三乐中译：《南怀仁的〈欧洲天文学〉》，大象出版社 2016 年版，第 13 页。

③ 《熙朝定案》，载韩琦、吴旻校注：《〈熙朝崇正集〉〈熙朝定案〉（外三种）》，中华书局 2006 年版，第 49 页。

④ ［比］南怀仁著，［比］高华士英译、余三乐中译：《南怀仁的〈欧洲天文学〉》，大象出版社 2016 年版，第 19—21 页。

我充满嫉妒的对手们——在皇帝的命令下，目睹了全部三次观测——也对我们的高超技术交口称赞起来！"①

这三次日影观测对康熙帝也有十分强烈的触动。首先，他认可了这种方法的准确性，也由此对传教士更加信任，以至在第三次日影观测成功后，康熙帝立刻将杨光先、吴明烜编写的历书交给南怀仁，让其检验是否有错误。其次，他看到了这种观测法的成功所引发的效果，即可以给在场的观测者们很强的心理触动，对预测者的水平极为服膺。也正是因此，康熙帝在随后对西方科学勤奋研习、大加运用的过程中，屡屡使用这种方法来展示自身的科学素养，并获得了不错的效果。

康熙八年（1669 年）二月，康熙帝果断地谕令取消原本安插在康熙八年内的闰月，将其挪到康熙九年的第二个月；仪器刻度用 360 度圆周来代替原来的三百六十五又四分之一度；计时制以一日 96 刻代替原来的 100 刻。②这是一些非常重要的改变。尤其是将康熙八年闰月删除一事，对此，南怀仁曾感叹道："难以想象，将有多少麻烦会随之而来，将因此而产生怎样重大的影响！"③他十分清楚，对于中国这样一个一向以天朝上国自居的国度，统治者做出这样的决定显然需要很大的魄力。"借助了一个在整个帝国具有崇高威望的伟大的当权者的力量，致使一个傲慢的民族现在接受了，甚至是在违反他们自己意愿的情况下，接受了一个显然是有损于他们的主张。"④南怀仁此处所说的"有损于"，显然指的是杨光先等儒者的立场，因为对于康熙帝来说，"帝王之治天下，以律历为先。儒者之通天人，至律历而止"⑤，

① ［比］南怀仁著，［比］高华士英译、余三乐中译：《南怀仁的〈欧洲天文学〉》，大象出版社 2016 年版，第 21 页。
② ［比］南怀仁著，［比］高华士英译、余三乐中译：《南怀仁的〈欧洲天文学〉》，大象出版社 2016 年版，第 51 页。
③ ［比］南怀仁著，［比］高华士英译、余三乐中译：《南怀仁的〈欧洲天文学〉》，大象出版社 2016 年版，第 58 页。
④ ［比］南怀仁著，［比］高华士英译、余三乐中译：《南怀仁的〈欧洲天文学〉》，大象出版社 2016 年版，第 58 页。
⑤ （元）脱脱等：《宋史》（卷六十八），吉林人民出版社 1998 年版，第 937 页。

使用西洋新法来确保天文历法的准确性，不仅不损害儒家道统，反而是对儒家道统的有益补充。

第二节 "作君作师"之用：康熙帝
学西学、用西学的深层原因

虽然康熙帝在"杨光先历狱案"中已经意识到了西方科技的作用，但是准确地说，此种认识在当时还不是全面而深刻的。"断人是非"之需仅仅代表着康熙帝在特定的时间节点上适时地发现了西方科技的某些作用；而他在随后数十年中对西方科技的孜孜以求和大加利用，却源于更深层面的诉求。法国传教士白晋在给路易十四的报告中曾说：

> 很长一段时间以来，中国除了当今主要研究的伦理哲学外，对其他早被他们的前辈高度掌握了的科学极其忽视；毫无疑问，在以前，这些科学是他们祖先享有盛誉的有效的治国因素。正是这个道理，当今皇帝期望科学恢复昔日的壮观。为了实现其愿望，他的做法再好也没有了。为了他的帝国内复兴科学艺术，从而有利于他的统治，除了他自己以身作则，勤奋学习，以此来感召大家以外，就再也没有其他更好的办法了。①

可以说，白晋意识到了非常重要的一点，即康熙帝对西方科技的学习和利用是为了维护其皇权统治。但是，白晋在此处所认为的科学是"有效的治国因素"，更多是基于科技在治统维护方面的作用，如科技能够在天文、地理、农业、军事等领域发挥重要作用，有利于统治者治理国家。然而，康熙帝对于西方科技的学习和利用显然并非仅仅出于此种意图，在他看来，西方科技不仅有益于治统，还能够维护道统；而且，这里的维护道统，不仅仅是他

---

① ［法］白晋：《康熙皇帝》，黑龙江人民出版社 1981 年版，第 33 页。

在"杨光先历狱案"中所体会到的弥补儒家文化的不足,更重要的一点是西方科技可以帮助他塑造"知识权威"的道统形象。这样,康熙帝就可以既作君又作师,实现道统与治统的合二为一了。

当然,西方科技之所以能够打动康熙帝,并同其内在的信仰体系、文化结构紧密契合,还源于科学技术本身与儒家文化的本然联系。

一、科学技术在儒学传统中的存在

这里必须首先破除一个普遍存在的成见:儒家不重视科技知识,儒学中没有科技知识的位置。这实际上是一种误解。事实上,儒学传统中不仅有科技知识的内容,而且有其形下学的知识论建构、形上学的本体论建构,并且还有具体的实践运用体系。

在此必须要说明,持有以上成见者也或许是基于另一个成见,即不仅认为儒学中没有科技知识的位置,而是从根本上否认中国古代有科学,或者说,认为中国古代只有技术,而没有科学。的确,中国古代并无"科学"一词;从严格意义上来说,当初被严复等人翻译、引用的"科学"一词指代的乃是近代科学。然而,不能因为中国没有近代科学,就否认中国有古代科学的存在。乐爱国曾从科学研究领域、科学发展水平、科学知识形态三方面分析了古代科学和近代科学在科学形态上的不同。[①] 这表明,在古代科学与近代科学的差异性方面,中西方是相同的,即古今科学的差异都是相当大的。既然不能否认西方古代有科学,那就定然不能否认中国有古代科学。

当然,上述成见的产生还因为中国古代科学知识呈现的形态是不独立的,它一直依附在中国传统文化尤其是儒家文化体系当中。但这反而从另一个角度证明了科学技术与儒家文化的相容性。

科学属于"知识"[②]的范畴,是关于自然界的知识体系。在传统儒学中,

---

① 乐爱国:《儒家文化与中国古代科技》,中华书局 2002 年版,第 4 页。

② "知识"还包括关于自然界及其规律的自然知识、关于人及其社会存在的社会知识、以及两者之间关系的知识。

存在着丰富的古代科学技术知识,李约瑟(Joseph Needham,1900-1995)洋洋洒洒的多卷本《中国科学技术史》(*Science And Civilization in China*)就是最雄辩的明证。当然,中国古代科技不仅涉及儒家,而且涉及诸子百家。然而无可否认的是,儒学在其中发挥了极其重要的作用;尤其是从汉代以来、亦即儒学成为社会主流意识形态的两千年中,在中国谈知识、包括科技知识,如果离开了儒学,那就无法言说。换句话说,古代科技知识在某种程度上是被纳入了儒学知识体系之中的。

直到20世纪的儒家,即现代新儒家,仍在进行这样的努力:将"科学与民主"纳入儒学体系之中。例如牟宗三的"三统"说,也是要从"道统"开出"政统"与"学统",而其所谓"学统"主要就是指的科学。① 对此,他有一段典型的论述:"一,道统之肯定,此即肯定道德宗教之价值,护住孔孟所开辟之人生宇宙之本源。二,学统之开出,此即转出'知性主体'以融纳希腊传统,开出学术之独立性。三,政统之继续,此即由认识政体之发展而肯定民主政治为必然。"②这里由"学统"所开出的"学术",包括了现代科学。他的设想是:通过"良知自我坎陷",由"德性"转出"知性",就能够解决科学与民主的问题。这其实也是近代以来儒家的"中学为体,西学为用"的路径。

儒学之所以能够容纳科学技术知识,与儒家哲学的固有学理密切相关。一般来说,知识是由形上学、形下学两大层级构成的,前者属于狭义的纯粹"哲学",即本体论;后者包括广义的伦理学及其应用理论、广义的知识论及其应用理论(亦即科学)。儒家哲学亦然。《易传》有言:"形而上者谓之道,形而下者谓之器。"③这是把宇宙世界的所有一切存在者分为"形而上者"和"形而下者"。哲学的本体论是关于"形而上者"的理论,所以叫作"形而上学";而伦理学和知识论则是关于"形而下者"的理论,也就是说,"形而下

---

① 参见牟宗三:《生命的学问》,广西师范大学出版社 2005 年版;牟宗三:《道德的理想主义》,吉林出版集团有限责任公司 2010 年版。

② 牟宗三:《道德的理想主义》,吉林出版集团有限责任公司 2010 年版,第 3 页。

③ 《周易·系辞上传》。

者"包括人及其社会和自然界两大领域。古代科技知识，就是关于"形而下者"中的自然界的知识。

从形而上的哲学到形而下的科学，中间有一个很关键的环节，就是"主—客"结构（subject-object）①：一方面是认识和实践的主体（subject），另一方面是认识和实践的对象（object）。这在中国哲学里和西方哲学里都是一样的。关于自然界知识的所谓"真理"，不外乎主观符合客观的实际。"所以知之在人者谓之知，知有所合谓之智。"②所谓"知之在人者"即是主体的认知能力；当其符合对象的客观实际时，即"知有所合"。儒学的上述哲学原理，保证了它能够将知识、包括科技知识纳入其知识系统之中，而没有任何学理上的问题。

正因为如此，明代以来，人们将西方的"science"（科学）译为儒家的话语"格致学"。这就意味着：儒家所说的"格物致知"③，即朱熹所谓"即物穷理"④，不仅指向伦理问题，也涵盖了关于自然界的科技知识问题。在该问题上，朱熹理学可谓极典型的代表，后世许多学者对朱熹的自然科学观做过研究，认为其具有很强的科学理性精神。的确，朱熹对各种自然现象如日月群星、风雷雨雪、鸟兽草木，甚至高山上的螺壳化石，都有过深入的观察、研究，他曾说"上而无极、太极，下而至于一草、一木、一昆虫之微，亦各有理。一书不读，则阙了一书道理；一事不穷，则阙了一事道理；一物不格，则阙了一物道理。须著逐一件与他理会过"⑤。总之，他试图通过"格"形而下之器物，来"穷"得形而上之道理。

李约瑟对朱熹在自然科学研究方面的成就评价甚高，认为其理学的世

---

① 参见黄玉顺：《儒学与作为科学理论基础的知识论的重建》，载马来平主编：《传统文化与中国科技的命运——以"传统文化对科技的作用"为中心》，济南出版社 2015 年版，第 39 页。

② 《荀子·正名》。

③ 《礼记·大学》。

④ （宋）朱熹：《四书集注》，海南出版社 1992 年版，第 10 页。

⑤ （宋）黎靖德编，王星贤点校：《朱子语类》，中华书局 1986 年版，第 295 页。

界观和近代自然科学的观点极为一致，从而更进一步指出："宋代理学本质上是科学性的。"①就朱熹理学最重要的两个概念"理"和"气"来说，李约瑟认为，"朱熹以其中世纪的方式肯定理和气的普遍的互相渗透，反映了近代科学的立足点。"②

另外，古代儒家的科学技术知识，被广泛运用于涉及国计民生的各个领域，诸如天文、历法、算数、水利、医药，等等，关于这些问题，学界已经有很多相关论述，此不赘述。

二、科学技术在皇权统治中的作用

在一般意义上来说，皇权统治指的是一国之君对国家的掌控与治理，即"治统"。而一国之君要想更好地维护统治、巩固皇权，都不会忽视科学技术在天文、地理、农业、水利等诸多关乎国计民生的重要领域中的作用，如：制定准确的历法，以保障农业生产；绘制舆图，以确保疆域边界的清晰；兴修水利，维护民本民生；等等。

然而，由于康熙帝将道统与治统合二为一的圣王理想，皇权统治对于康熙帝来说，就不仅仅指作"君"之用的"治统"，还包括了作"师"之用的"道统"。康熙帝御制《数理精蕴》开篇的"数理本原"中有这样的话："数学穷万物之理，自圣人而得明也……徵其实用，测天地之高深，审日月之交会，察四时之节候，较昼夜之短长。以至协律度，同量衡、通食货、便营作，皆赖之以为统纪焉"③。此处提及的数学的重要作用，实际上涉及两个层面的问题："圣人之责"与"君主之责"。"协律度，同量衡、通食货、便营作"更多的是指一国之君的责任范畴，而"测天地之高深，审日月之交会，察四时之节候，较昼夜之短长"却很明显是圣人之责。历代帝王最多只需要涉及科学技术"实用"的层面，而不需要深入到"原理"的层面，是因为他们只需要维

---

① ［英］李约瑟：《中国科学技术史》（第二卷），科学出版社 1990 年版，第 527 页。
② ［英］李约瑟：《中国科学技术史》（第二卷），科学出版社 1990 年版，第 510 页。
③ （清）清圣祖敕编：《御制数理精蕴》（上册），商务印书馆 1936 年版，第 1 页。

护"治统"，而无须传承"道统"。但在"作君作师"的康熙帝眼中，这些皆为圣王（君师）的职责，并且，相较于本然固有的君主之责，康熙帝更看重自己是否能传承"圣人之德"。康熙帝在《量天尺论》一文中曾对"圣人之德"有过如下论述：

> 圣人作而有太极阴阳、河图洛书出焉，所以仰观俯察，用一三五七九之奇数，二四六八十之偶数，验之于推测，考之于鸟兽草木，而后定历元、分闰馀、察黄钟之律，而万事之本得矣。齐政授时，黎民于变时雍者，圣人之德也。①

并且，康熙帝还屡屡批判后世儒者对如此重要的"圣人之德"的忽视："后世不察究天文历元之所由来，只求于末节图捷易为，所以日离月远而不悟，兼之文章聪明各出已见，后世数学茫然不传矣，岂不惜乎"②；"后人以文章之雌雄为断，亦不劳心静思求圣人敬授人时之本也"③；"皆因习俗就易畏繁以功名仕宦为重，敬天授时为轻，故置而不问论，以至如此"④……

由此可见，要体悟"圣人之德"，传承道统，需要明晰天学，洞察圣人敬授人时之道，而"数学之不解，天文之不明"，在此，科学技术即成为了通往道统的必由之路，这也是康熙帝对科学技术尤为看重的重要原因。并且，相较于道德文章，儒家士大夫一直都对科学技术较为忽视，这更为康熙帝提供了打压儒士，剥夺其道统话语权的机会。他批判前儒的理论"因理深者太过而不明数学，数学者不及而未必得理，各涂各作不能合而为一"⑤，而他要做的是知数、明理，将数理统一，从而达到洞悉天道的目的。

以上列举的仅为天学的例子，实际上，地理、音律、医学等科学技术的重

---

① （清）爱新觉罗·玄烨：《康熙帝御制文集》，台湾学生书局1966年版，第1625页。
② （清）爱新觉罗·玄烨：《康熙帝御制文集》，台湾学生书局1966年版，第1625—1626页。
③ （清）爱新觉罗·玄烨：《康熙帝御制文集》，台湾学生书局1966年版，第1626页。
④ （清）爱新觉罗·玄烨：《康熙帝御制文集》，台湾学生书局1966年版，第1624页。
⑤ （清）爱新觉罗·玄烨：《康熙帝御制文集》，台湾学生书局1966年版，第1626页。

要领域都与道统息息相关,都属于"圣人之德"的范畴。另外,要塑造"圣王"的道统形象,还需要具有广博的"知识"。《尚书孔氏传》曰:"于事无不通谓之圣",孔颖达疏曰:"圣是智之上,通之大也"①。荀子也曾言:"所谓大圣者,知通乎大道,应变而不穷,辩乎万物之情性者也。"②所谓"于事无不通"、"辩乎万物情性",显然不仅是指的德性、伦理,也包括知性、知识。

前文已述,所谓"圣",不外"仁"且"智"两个方面。并且,正如荀子所言:"知而不仁,不可;仁而不知,不可。"③可见,在儒家思想里,"仁"与"智"是高度统一的,它们是"圣"的内在结构的两个必不可少的方面。所谓"智",当然是关乎知识的,而且包括了关于自然界的科学技术知识。所以,重视学习知识、包括学习古代科学技术知识,一直是儒家的传统。孔子所崇敬的圣人周公,便自称"多材多艺"④。孔子也特别注重学习,"入太庙,每事问"⑤;他说自己"吾不试,故艺"⑥,即由于长期不见任用,反而获得了更多的学习机会,所以多才多艺。孔子强调"多识于鸟兽草木之名"⑦,显然是指的关于自然界的知识,即古代自然科学知识。这就不难理解上文谈到的一个现象:事实上,儒学传统中存在着大量丰富的古代科学技术知识。

总之,在儒家的观念中,广泛地学习知识,乃是承担道统、成为圣人的先决条件;这些知识包括社会知识、自然知识。由此,我们可以得出结论:如果缺乏自然知识或者科技知识,其"道"就不完备,就没有达到"圣"的境界,那就不是真正的"圣人",不能承担"道统"。正是因此,康熙帝一直重视"格物",重视科学知识的积累。他所著的《几暇格物编》一书包含了大量的地理、生物、植物等自然科学的知识,其中许多都是亲自实验、考察,从而对传

---

① 《尚书正义·洪范》。
② 《荀子·哀公》。
③ 《荀子·君道》。
④ 《尚书·金縢》。
⑤ 《论语·八佾》。
⑥ 《论语·子罕》。
⑦ 《论语·阳货》。

统误解进行的纠正。

对于康熙帝而言，要想很快地胜过儒家士大夫，成为知识方面的权威，达到"圣王"要求，并非易事。于是，他借助了先进的西方科技的力量，使自己很快成为儒者之"师"，获得了"知识权威"的形象，达到了"仁且智"的"圣王"要求。

第三章 "护国益民":西方科技与康熙帝圣王理想的治统之维

第一节 指导科学机构的创立与改进

一、整顿钦天监

钦天监作为中央机构的一个特殊部门,其职能非常繁杂,不仅要观察天象、制定历法,还需要处理宫廷的堪舆风水等事宜。另外,钦天监还是官生学习天文历算的教育机构。前文已论及康熙帝在"杨光先历狱案"当中,已经察觉到了中国科学技术的危机,并且开始做出了用西方科技来补救中国科技危机、维护皇权统治的努力。"杨光先历狱案"结束之后,伴随着西方传教士重新执掌钦天监,康熙帝对钦天监的整顿也正式开始。

(一)补充科技人才

如前所述,在"天人合一"、"天人感应"等观念的影响下,人们常通过对天象变化的观察来预测人间的吉凶祸福,这也使得中国古代的天文历法带上了浓厚的神秘色彩。而历朝统治者皆对这种"通天"机密掌控严格,禁止民间私习天文、私藏天文图书、仪器,即便是专业的天文官生,也有严格的分科规定,不能随意接触占书。天文机构官员发现的任何灾祥的天象,都要密封上报,一旦泄露,就会受到刑罚惩处①。

---

① 史玉民:《清钦天监研究》,中国科学技术大学科技史专业博士学位论文,2001 年。

这种情况直至清朝初年亦是如此，顺治初年的律例规定，凡私自收藏浑天仪等天象器物、天文书籍、图谶，或非天文生而私习天文者，均罚杖一百并处罚金。"杨光先历狱案"后，康熙帝重新修订了律例，规定"凡习学天文之人不必禁止，若有妄言祸福，煽惑愚人者，仍照律拟罪"①。这无疑是一个非常大的观念上的突破，也代表了清廷对天文历算人才的渴求。

为了从全国各地吸纳更多的人才，康熙七年（1668年），康熙帝发布了如下谕令："天象关系重大，必得精通熟习之人，乃可占验无误。着直隶各省督抚晓谕所属地方，有精通天文之人，即行起送来京考试，于钦天监衙门用，与各部院衙门一体升转。"②该措施不但笼络了大批天文历算方面的人才，还再次发布了一个信号，即统治者对天文历算极为重视。这极大地鼓舞了地方士人学习天文历算的热情。

不仅如此，康熙帝还十分重视对天文历算人才的培养，康熙九年（1670年），康熙帝谕礼部："天文关系重大，必选择得人，令其专心习学，方能通晓精微。可选取官学生，与汉天文生一同学习，有精通者，俟钦天监员缺，考试补用。"③康熙年间的钦天监分为时宪科、天文科、漏刻科三科，具体措施是每旗选取官学生十名（包括满洲官学生六名、汉军官学生四名），入钦天监分科学习，其中若有精通天文历法之人，还可以"俟满汉博士缺补用"④。并且对于天文生，规定"满洲、汉军由监行文国子监，取官学生选补；汉人由监自行选补"。⑤

（二）使用西洋新法

由于深知西洋新法的先进性，康熙十五年（1676年）八月，康熙帝谕钦天监："尔衙门专司天文历法，任是职者，必乎习学精熟。向者新法旧法，是

---

① （清）陈梦雷著，杨家骆主编：《古今图书集成》（祥刑典）上（三），台湾鼎文书局1977年版，第725页。

② 《圣祖仁皇帝实录》（一）（卷二十五），中华书局1985年版，第350页。

③ 《圣祖仁皇帝实录》（一）（卷三十四），中华书局1985年版，第457—458页。

④ 《清文献通考》（卷六十五），清文渊阁四库全书本。

⑤ 《大清会典则例》（卷一百五十八），清文渊阁四库全书本。

非争论。今既深知新法为是,尔衙门学习天文历法满洲官员,务令加意精勤。此后习熟之人,方准升用;其未经学习者,不准升用。"①这是一个极为严格且不容商榷的规定,从而奠定了西洋新法在钦天监的绝对地位。

正是因为有了这样的谕令,在钦天监任职、学习的天文历算人才有了更多的机会学习欧洲的天文学。南怀仁就曾为监内官员、学生集中授课:"自从我受委托治理负责历法天文事务以来,我召集一些官员和学生,开办了一个机构,给他们讲一些课程。作为必要的一项,我要考查一下他们是否掌握必要的物理和数学知识。"②柏应理曾称钦天监为"数学学校",南怀仁也把自己称为"Academiae Astronomicae Praefectus"(数学主管)③,虽然其主要目的是为了避免违反"耶稣会士不能担任任何国家官方职务"的教规,但也是他们在钦天监所从事教育活动的如实陈述。

南怀仁在接管钦天监后,首先对钦天监下设的三科进行了重新整顿。其中,时宪科承担的任务主要是编写三个类别的历书(民历、行星历和一部给皇帝的抄本);确定节气节令;日月交食的计算事项;为重大节庆日选择良辰吉日等。天文科负责使用天文仪器在观象台对天象进行观测和记录。漏刻科负责掌调壶漏,报时报更,并为一些公共工程的营建确定时间和地点。

对钦天监的整顿完成后,南怀仁随即开始着手编写《康熙永年历法》,即对汤若望当年所进《崇祯历书》(后改为《西洋新法历书》)进行补充和修改。因为当年汤若望所编写的行星及其日月交食表只包含了未来二百年,康熙四年(1665年)杨光先作《摘谬十论》攻击汤若望时,就将"皇家享无疆之历祚,而若望进二百年之历"④作为一个重要罪名。"杨光先历狱案"结

---

① 《圣祖仁皇帝实录》(一)(卷六十二),中华书局1985年版,第804页。
② [比]南怀仁著,[比]高华士英译、余三乐中译:《南怀仁的〈欧洲天文学〉》,大象出版社2016年版,第68页。
③ [比]南怀仁著,[比]高华士英译、余三乐中译:《南怀仁的〈欧洲天文学〉》,大象出版社2016年版,第123页。
④ (清)杨光先等撰,陈占山校注:《不得已(附二种)》,黄山书社2000年版,第46页。

束后,历法争论虽因康熙帝对西方科技的大力支持而暂时平定,但康熙帝亦十分清楚,对于杨光先当年所列数的西方传教士的罪名,士人们并不会真正释怀。所以,康熙帝对此新历书的编订也十分重视,南怀仁在其著作中提到,康熙帝多次向他提及这个问题,这使得他很明确地知道："如果我能够制定一个适用于今后 1000 年或 2000 年的天文表,他(康熙帝)将会非常高兴。"①

共计三十二卷的《康熙永年历法》于康熙十五年(1676 年)编写完毕,其中行星和日月交食表都扩展到了未来两千年,所以《康熙永年历法》又被称为"二千年历"。康熙帝授予南怀仁"通政使司通政史"一职,并给了这部历书极高的地位："钦天监治理历法南怀仁,进康熙永年历,系接推汤若望所推历法,应交翰林院,仍著该监官生肄习,永远遵行。"②

（三）更新天文仪器

"由于清代钦天监在天文历法中已经采用 360°制和 60 进位制,以往用的传统仪器不再合用"③,于是南怀仁接任钦天监监正之后,便奉康熙帝之命制造新的天文仪器。至康熙十二年(1673 年),一共有六种仪器制造完成:黄道经纬仪、赤道经纬仪、地平经仪、象限仪④、纪限仪、天体仪。虽然南怀仁所设计、督造的天文仪器较之同时期的欧洲还是落后不少,然而与钦天监原有的古代仪器相比,还是有了一些精度的提高,更重要的是有利于西洋新法的使用。

（四）监督、检验钦天监的工作

同历代帝王一样,康熙帝对天象变化也十分重视,称："自昔帝王敬天

---

① [比]南怀仁著,[比]高华士英译、余三乐中译:《南怀仁的〈欧洲天文学〉》,大象出版社 2016 年版,第 95 页。

② 《圣祖仁皇帝实录》(一)(卷七六),中华书局 1985 年版,第 977 页。

③ 宋军令:《黄河文明与西风东渐》,科学出版社 2010 年版,第 49 页。

④ 象限仪即地平纬仪,康熙五十二年(1713 年),康熙帝命监臣将象限仪与地平经仪合为一个仪器,即地平经纬仪。参见(清)允禄、蒋溥等编纂:《皇朝礼器图式》卷三,清文渊阁四库全书本。

勤政,凡遇垂象示警,必实修人事,以答天戒。"①因对天文历法较为熟知,康熙帝常常会利用天文仪器亲自测验,也因此多次发现钦天监上报的天象与实际不符。例如,康熙四十九年(1710年)四月,钦天监上奏的是立夏时分巽方风起(东南风),而康熙帝在宫内占验的风向是东北风,他当即意识到这是钦天监官员故意伪造的吉利天象。中国自古就有"风占"传统,即在特定时节、方位观察风向、风力等变化,来预测气候、丰歉、吉凶等。立夏时分的占验属于风占当中"八节占风"的环节,即在立春、立夏、立秋、立冬、春分、夏至、秋分、冬至这八个重要节气记录风向,进行占卜。清朝钦天监占风所依据的《观象玩占》当中对立夏时分的风向有如下解释:"风从乾来,其年凶饥,夏霜,麦不刈;坎来,多雨水,鱼行人道;艮来,山崩地动,人疫;震来,雷不时,击物;巽来,其年大熟;离来,夏旱,禾焦;坤来,万物夭伤;兑来,蝗虫大作。"②由此可见,立夏时分若风从巽方来,则预示年丰岁熟;而风向若是东北风,即风从艮方来,则预示将有地震、瘟疫等大的灾难,所以钦天监官员不敢照实记录。随后,康熙帝训导钦天监官员不必有所避忌,要据实秉奏:"钦天监务取吉利者具奏,不知此等事件应据实启奏,何必避忌?至各处风信不同,或彼处东风亦未可定,且春秋志灾不言其应,孔子书此之意所以示警,今但取吉利可乎? 本朝并未尝有所避忌也。"③

康熙帝还通过具体科学问题来考察钦天监官员的历法素养。例如,康熙二十七年(1688年)三月初十,吏部奏请冬官正何君锡补钦天监监副一缺,康熙帝当即提出反对,称曾让何君锡推算日食分数,"伊混将旧历法推算应食三分妄奏"。康熙帝因对新旧历法都较为熟知,发现了他的错误,"故遣人于各处测验,往例日食二分者应不启奏,后果未有奏日食者,以此

---

① 《圣祖仁皇帝实录》(二)(卷一五三),中华书局1985年版,第694页。

② (唐)李淳风:《观象玩占》卷四十六,参见郑国光主编:《中华大典·地学典·气象分典》(二),重庆出版社2014年版,第414页。

③ 《圣祖仁皇帝实录》(三)(卷二四二),中华书局1985年版,第404页。

知其不堪"。后谕令吏部另外择选人员拟补。①

二、建立"皇家科学院"

《清史稿》对康熙帝的科学活动有过这样的概括："圣祖天纵神明，多能艺事，贯通中、西历算之学，一时鸿硕，蔚成专家，国史跻之《儒林》之列。测绘地图，铸造枪炮，始仿西法。凡有一技之能者，往往召直蒙养斋。"②可见在康熙帝一生的科技活动中，除了组织全国地理大测量、绘制《皇舆全览图》、铸造西洋火炮、使用西洋新法之外，蒙养斋算学馆的建立一事也极为瞩目。

康熙五十二年（1713 年），康熙帝命令在畅春园蒙养斋内设立算学馆："简大臣官员精于数学者司其事，特命皇子亲王董之，选八旗世家子弟学习算法。又简满汉大臣、翰林官纂修《数理精蕴》及《律吕正义》诸书。"③对于蒙养斋算学馆的性质，学界有两类评价：一类评价因西洋人曾称蒙养斋算学馆为"皇家科学院"，从而将其同法国科学院进行比较，认为蒙养斋算学馆是真正意义上的科学院；另一种评价认为蒙养斋算学馆设立后，最重要的成果是编纂了《律历渊源》丛书，所以，它只是一个编纂书籍的临时机构。可以说，以上两种评价都有失偏颇，对于蒙养斋算学馆的性质不可过高估计，同样也不能过低评判。

蒙养斋算学馆之所以被称为中国的"皇家科学院"，并常常与法国皇家科学院进行比较，是因为它的建立与法国皇家科学院不无关系。白晋在1697 年于法国出版的《康熙皇帝》一书中就曾提到康熙帝试图建立科学院之事：

> 这位皇帝的意图是让已在中国的耶稣会士和新来的耶稣会士

---

① 中国第一历史档案馆整理：《康熙起居注》，中华书局 1984 年版，第 1714 页。
② （清）赵尔巽等：《清史稿》（卷五〇二），吉林人民出版社 1995 年版，第 10487 页。
③ 《清文献通考》（卷六十六），清文渊阁四库全书本。

一起,在朝廷组成一个附属于法国王室科学院的科学院。我们用满语起草了一本小册子,介绍了法国王室科学与部分文化职能后,皇上对这些职能有了更深刻的认识。他平时就考虑编纂关于西洋各种科学和艺术的汉文书籍,并使之在国内流传。因此,皇上希望这些著作的一切论文从纯科学的最优秀的源泉,即法国王室科学院中汲取。所以康熙皇帝想要从法国招募耶稣会士,在皇宫中建立科学院。①

虽然有学者认为,白晋书中所谈及的康熙帝欲建立科学院、并且隶属于法国科学院一事是子虚乌有的,而蒙养斋算学馆也并非康熙帝心目中所要建立的"科学院"②,但不能否认的是,康熙帝设立蒙养斋算学馆是受到了法国耶稣会士与法国皇家科学院的影响。韩琦曾列举傅圣泽向康熙帝介绍法国"格物穷理院"、"天文学宫"在天文学方面的最新成就等情况的例子,证明康熙帝与胤祉等人对法国科学院是有所了解的,他们设立蒙养斋算学馆的重要原因是想模仿法国的科研制度。③

然而,蒙养斋算学馆是否有着同法国皇家科学院相类似的性质呢?可以说,"皇家"的冠名是它们最大的共同点,但就"科学院"的内在实质来看,二者却有着不小的差别。法国皇家科学院同蒙养斋算学馆一样,完全隶属于皇室,即被安置于皇宫之中,接受法王路易十四的领导,并从事一些皇室指派的科学研究。但是,法国皇家科学院有完整的章程、明确的人员设置,并广泛地吸纳海内外的优秀科技人才。除了固定的成员外,法国皇家科学院还吸收了许多"通讯院士",在路易十四强大的财政、政策支持下,来自世界各地的科技人才迅速在此聚拢。另外,"法国皇家科学院负责科学出版

---

① [法]白晋:《康熙皇帝》,黑龙江人民出版社1981年版,第61页。
② 郭永芳:《康熙与自然科学》,《自然辩证法通讯》1983年第5期。
③ 韩琦:《"格物穷理院"与蒙养斋——17、18世纪之中法科学交流》,载《法国汉学》丛书编辑委员会编:《法国汉学》(四),中华书局1999年版,第317页。

物的审查和优秀论文的颁奖,使得科学院在公众中的地位得到提高"①。这些都是康熙帝的蒙养斋算学馆所不能比拟的。

不过,蒙养斋算学馆尽管同近代性质的科学机构有着本质上的区别,但也不能将其看成单纯的编纂书籍的临时机构,因为它还兼具翻译书籍、教育人才、传播科学的功能。在设立期间,蒙养斋算学馆从全国范围内广泛吸收了一批有各类专长的科技人才,如陈厚耀、梅毂成、明安图、方苞、王兰生等,这些人在《数理精蕴》、《律吕渊源》等书的编纂及其地理大测量等科学活动中发挥了重要作用。蒙养斋还兼具科学教育机构的性质,由西方传教士在此讲授西学课程。另外,法国传教士傅圣泽曾提到,康熙帝也会在蒙养斋里给一些"获选的听众"授课,讲解诸如欧几里得命题等西方数学知识,康熙帝在这个过程中"享受着精通抽象科学的快感以及他的新学生们不失时机地给予他的赞扬的愉悦"②。

第二节　主持西洋火炮的研制

在康熙十二年(1673年)开始到康熙二十年(1681年)结束的三藩叛乱当中,康熙帝命令南怀仁等人研制的西洋火炮为平定叛乱发挥了重要的作用。实际上,西洋火炮在战争中的作用,很早即为满族人所知。明万历年间,努尔哈赤建立后金,兴兵反明。为了抵御金军的进攻,在来华耶稣会士及徐光启、李之藻等人的大力倡议下,明廷先后四次从澳门葡萄牙商人处购置火炮四十余门,在对金的战斗当中发挥了重要作用。明天启六年(1626年),在宁远战役当中,袁崇焕以西洋火炮击败攻城的后金军队,伤敌数百人,清太祖努尔哈赤即是在此战役中为火炮所伤致死。因为发觉到了西洋

---

① 韩琦:《"格物穷理院"与蒙养斋——17、18世纪之中法科学交流》,载《法国汉学》丛书编辑委员会编:《法国汉学》(四),中华书局1999年版,第320页。

② 詹嘉玲:《清代初期和中期的数学教育》,载《法国汉学》丛书编辑委员会编:《法国汉学》(八),中华书局2003年版,第410页。

火炮的巨大威力,明廷命徐光启、李之藻等组织人员按照西洋新法制造火炮,后来,仅徐光启一人就在半年多的时间里仿制西洋火炮400余门。徐光启赞叹道:"今时务独有火器为第一义"①,"可以克敌制胜者,独有神威大炮一器而已"②。经历过宁远战役的后金军队也认识到西洋火炮的威力,随后皇太极也加紧组织人员制造火炮,加上缴获的明军的火炮,军事力量进一步增强。可以说,后金能在随后的战局当中反败为胜,西洋火炮起到了重要的作用。

康熙十三年(1673年),叛军北上,吴三桂等人已经攻克常德、岳州等地,军情告急。康熙帝紧急谕令兵部:"大军进剿,急需火器,著治理历法南怀仁铸造火炮,轻利以便登涉"③。《熙朝定案》载:"康熙十三年八月十四日,上遣内臣至南怀仁寓处,传旨着南怀仁尽心竭力,绎思制炮妙法,及遇高山深水轻便之用。"④接到康熙帝的命令后,南怀仁多次拒绝,他的顾虑主要基于自身的传教事业:首先,作为一名传教士,按照教规不应当卷入军事斗争当中;其次,他对造炮工作没有太大把握,担心若有差错,会影响到传教事业。他说:"虽然我竭力试图推卸此任,提出这项任务与我们修会的章程完全背道而驰,提出这项工作太繁重等理由,但是皇上根本不听。"⑤对于南怀仁的屡屡推卸,康熙帝非常不满,称:"南怀仁若不遵旨铸炮,朕必复禁其教,且置之大辟。使南怀仁知之。"⑥南怀仁曾在一份忏悔书中描述过自己当时的处境和复杂矛盾的心情,如果坚持拒绝造炮,那么可能会使得刚刚有些起色的传教事业重新陷入僵局。

---

① (明)徐光启:《徐光启集》(下),上海古籍出版社1984年版,第470页。

② (明)徐光启:《徐光启集》(上),上海古籍出版社1984年版,第288页。

③ 《圣祖仁皇帝实录》(一)(卷四九),中华书局1985年版,第640页。

④ 韩琦、吴旻校注:《〈熙朝崇正集〉〈熙朝定案〉(外三种)》,中华书局2006年版,第137页。

⑤ [比]南怀仁著,[比]高华士英译、余三乐中译:《南怀仁的〈欧洲天文学〉》,大象出版社2016年版,第153页。

⑥ 《燕京开教略》,参见辅仁大学天主教史料研究中心编:《中国天主教史籍汇编》,辅仁大学出版社2003年版。

　　此种情形，耶稣会也曾有过先例：明末，为了挽救节节战败的局面，朝廷多次命汤若望造炮，汤若望推辞不掉，终于在崇祯十五年（1642年）接受任务，制造了一批火炮，并且还亲自撰写《火攻挈要》一书，详述了火炮的制作和使用方法。①　不过，这批火炮未及发挥更大的作用，明朝就灭亡了。

　　南怀仁无法向康熙帝推辞，还有另外一个原因，就是他自己所称的"几乎是在每一年里，我们的机械学都会以自己的技术向皇帝做出一些新奇的贡献"②。如康熙七年（1668年），南怀仁用机械学的滑轮组解决了为顺治帝建造陵墓所用的巨大的石料的运输问题；南怀仁还设计制造水平仪，成功地解决了皇家庄园的用水问题。所以，康熙帝十分清楚南怀仁的科技水平，使他无法寻找理由推辞。

　　当时，北京的军火库中还存有当年汤若望所造的一批火炮，南怀仁首先对这批旧火器进行了改造。"我将众多铁炮上的锈除掉。对于炮筒内显示出某些缺陷的铜制大炮，我又重新进行了加工。结果，经过我的处理之后，有大约150门大炮又可以重新送往战场效力了。"③经过南怀仁的检测和重新修理，军火库中遗留的一部分火器又可以重新使用，大约一百多门大炮被运至北京城外的西山进行测试，几乎全部是合格的。

　　然而正是在运输测试的过程中，这些火炮的过大过重的缺陷也凸显了出来。平定叛乱的战争涉及云南、四川、广西、广东、湖南、甘肃等多山、多湖泊的地带，重型的大炮在战争中运输极为不便，这也是为何康熙帝对南怀仁的造炮指示中多次提及"轻利以便登涉"一类的话语。为了减轻火炮的重

---

　　①　《火攻挈要》又名《则克录》，刊刻于崇祯十六年（1643年），是由汤若望口述，中国学者焦勖记载而成，该书原为上、下两卷，另附《火攻秘要》一卷，后合并为上、中、下三卷。该书上卷详细介绍火器制造的工艺及种类，并对佛郎机、鸟枪、火箭、喷火筒等火器的制造作了简要说明。中卷介绍各种火药的制作、贮藏、性能、配方；火铳的试放、安装、教练、搬运；火攻的基本原则等内容。下卷具体介绍火器在战时的用法、制造火器的注意问题等。

　　②　［比］南怀仁著，［比］高华士英译、余三乐中译：《南怀仁的〈欧洲天文学〉》，大象出版社2016年版，第173页。

　　③　［比］南怀仁著，［比］高华士英译、余三乐中译：《南怀仁的〈欧洲天文学〉》，大象出版社2016年版，第153页。

量,南怀仁将火炮的支架和覆盖层的金属皆换成了坚硬的木质,这样最后制成的火炮仅有一千斤重。对这种新型火炮的制造,南怀仁也有清晰的描述:金属炮筒依照合金技术的配方制成,约 7 英尺长,可发射约 3 斤重的铁质炮弹,供火药填充部位的炮筒壁厚约 2 寸,炮口处的炮筒壁厚约 1 寸。炮筒被安装在坚硬的、由铁树木制成的支架上,这个金属—木头的炮筒每隔 23—24 英寸就被箍上一道粗厚的铁箍,另外再用一种较为轻质的木头覆盖在铁箍和整个炮身上,并且在炮筒的顶端附加五道金属箍,令其更加坚固。为了防止雨水或者空气的侵蚀,也为了使火炮像完全由金属制成一样,最后用古铜色的清漆将火炮通刷一遍。①

新型火炮制造完毕后,为了检测火炮的性能(除了检测射击是否精确外,还有能否防止火药受潮等其他性能),康熙帝下令在北京城外的西山进行测验。南怀仁记录了这一过程:

> 皇上派了一名不任官职的显要人物和我一起到北京城外的西山,去测试这种新型火炮。在西山,我们架起了大炮,连发 8 炮都打中了靶子,在最后一发将靶子打烂之后,这位显要人物非常兴奋,立即返回朝廷,向皇上禀告了整个试射过程成功的喜报。②

虽然这次检测的结果十分成功,康熙帝却为了防止日后发生意外,再次下令举行试射。这次试射不仅发射了多达 100 发的炮弹,而且召集了众多将领参观。《熙朝定案》载:"十四年三月十四日奉旨:着内大臣达等同南怀仁往卢沟桥,将此木炮式样连发一百弹。钦此。照发果已,经验坚固中鹄。四月十九日奉旨:依式制造。五月二十四日,蒙皇上幸临卢沟炮场,亲验其

---

① [比]南怀仁著,[比]高华士英译、余三乐中译:《南怀仁的〈欧洲天文学〉》,大象出版社 2016 年版,第 154 页。
② [比]南怀仁著,[比]高华士英译、余三乐中译:《南怀仁的〈欧洲天文学〉》,大象出版社 2016 年版,第 154 页。

炮之中鹄,遂谕内大臣达传旨:南怀仁制造轻巧木炮甚佳。"①此次试射再次显示了西方科技的水平,令众多大臣都赞叹不已。"他(康熙帝)下令将靶牌的距离定在每年试射最大型的火炮的距离上。当100发炮弹中的90发都准确的命中靶心,而炮的本身显然没有造成任何损害的时候,在场的每一个人都惊呼:这简直是奇迹。"②

　　基于南怀仁所造新式火炮的良好效果,也因战事紧急,康熙帝下令尽快批量制造火炮以运输到前线。大批的工匠开始了高强度的工作,最快的速度为27天之内造出20门火炮。为了方便南怀仁工作,造炮工厂就设在其住所附近。令南怀仁等传教士倍感殊荣的一件事是,康熙帝在视察造炮工厂的时候顺便先行参观了传教士的房间和教堂,并当场题写了"敬天"二字。

　　运输到各地的西洋火炮在战争中发挥了重要作用,"新式大炮在各个地方向反叛者开火,取得了辉煌的战果。来自各地总督的捷报雪片一般不断飞到皇帝宝座旁,对大炮的喝彩之声是异口同声"。③ 为了纪念南怀仁的功绩,诸王贝勒大臣九卿科道的全体会议提出将其名字刻在他所设计的每一门火炮上。南怀仁极力推辞,并且成功了。④ 他想通过此举强调:"创建这样的造炮工厂不是出于我的意愿,而完全是迫于皇帝的命令。"⑤

　　清代重要文献《钦定大清会典》当中收录记载了南怀仁所设计的三种类型的火炮,分别为:重四百斤的神威将军炮(轻型火炮)、重千斤的神功将军炮(中型火炮)和重三千六百斤至七千斤的"武成永固大将军"炮(重型火

---

① 韩琦、吴旻校注:《〈熙朝崇正集〉〈熙朝定案〉(外三种)》,中华书局2006年版,第137页。

② [比]南怀仁著,[比]高华士英译、余三乐中译:《南怀仁的〈欧洲天文学〉》,大象出版社2016年版,第154页。

③ [比]南怀仁著,[比]高华士英译、余三乐中译:《南怀仁的〈欧洲天文学〉》,大象出版社2016年版,第156页。

④ 实际上,随后铸造的火炮都用注明了南怀仁的名字,包括如今在午门广场陈列的一门铸造于康熙二十八年的火炮,炮身依旧镌刻着:"制法官南怀仁"的字样。

⑤ [比]南怀仁著,[比]高华士英译、余三乐中译:《南怀仁的〈欧洲天文学〉》,大象出版社2016年版,第156页。

炮）。据有关学者统计，南怀仁共计造炮五百六十余门，占据了清廷所造火炮的半数以上。另外，像汤若望一样，南怀仁也著有关于西洋火炮的专著——《神威图说》，此书于康熙二十一年（1682 年）正月二十七日呈送给康熙帝御览，却未能流传下来，但据《熙朝定案》记载，该书主要论述西洋火炮的铸造、准泡之法，有二十六条理论阐述，四十四幅图片解说，"并加数端同类之用法"。

康熙二十六年（1687 年），南怀仁逝世，康熙帝评价道："朕念南怀仁来自暇方，效力年久，综理历法，允合天度，监造火炮，有利戎行。"①可见，在南怀仁利用西方科技辅助其在华传教事业的过程中，"综理历法"和"监造炮器"都起到了极为重要的作用。实际上，西洋火炮不仅在平定三藩叛乱中起到重要作用，而且在收复台湾和两次雅克萨之战中皆发挥了巨大的威力。② 有学者认为："康熙三十一年对天主教的弛禁政策，主要是南怀仁生前影响的结果。"③著名的 1692 年宽容赦令当中也提到了这一点："……西洋人仰慕圣化，由万里航海而来。现今治理历法，永兵之际，立造军器火炮，差往阿罗素，诚心效力，克成其事，劳绩甚多。……西洋人并无违法之事情，反行禁止，似属不宜。相应将各处天主堂俱照旧存留，凡进香供奉之人，仍许照常行走，不必禁止矣。"④宽容赦令以后，在华天主教事业得到了很大的发展，许多地区教徒、教堂的数量比起"清初历狱案"之时都有了成倍的增

---

① 韩琦、吴旻校注：《〈熙朝崇正集〉〈熙朝定案〉（外三种）》，中华书局 2006 年版，第204—205 页。

② 《东华录》（康熙十八年八月）记载收复台湾之时，康熙帝曾谕议政王大臣："攻击海贼营垒，宜用火炮。内造西洋炮甚利，且轻便易运。可令湖广巡抚张朝珍，以湖南所有西洋炮二十具，委官运送福建总督姚启圣军前，用资剿御。"《清实录》中记载"二十四夜将神威将军等火器移置于前，二十五日黎明并进急攻，城中大惊，罗刹城守头目额里克舍（Aleksei Tolbusin）等势迫，诣军前稽颡乞降"。

③ 参见林金水：《试论南怀仁对康熙皇帝天主教政策的影响》，载［美］魏若望主编：《传教士·科学家·工程师·外交家南怀仁（1623—1688）：鲁汶国际学术研讨会论文集》，社会科学文献出版社 2001 年版，第 430 页。

④ 韩琦、吴旻校注：《〈熙朝崇正集〉〈熙朝定案〉（外三种）》，中华书局 2006 年版，第357 页。

长，可以说在华天主教事业迎来了一个"黄金时期"，这其中南怀仁的确起到了非常关键的作用。

第三节 组织全国地理大测量与舆图的绘制

康熙帝组织的全国地理测量是中国第一次实行的大规模的地理测绘，无论在亚洲还是对于当时科技发达的欧洲来说，这都是一个令人叹为观止的创举。此次地理大测量所绘制出的《皇舆全览图》是首次利用西方先进的测绘技术、经过实地测量绘制而成的地图。它之所以不仅在中国，还在世界地理学、测绘制图学领域具有重要价值，还因为这也是世界上实测面积最广的地图。① 李约瑟曾高度评价《皇舆全览图》，认为这"不仅是亚洲当时所有地图中最好的一幅，而且比当时的所有欧洲地图都更好，更精美"，"中国在制图学方面又一次走在了世界各国的前列"。② 在此之后，清朝政府又在平定了准格尔与回部叛乱、平息了朱尔墨特西藏叛乱之后，完成了对新疆、西藏地区的测绘，在《皇舆全览图》的基础上绘成《雍正十排图》及《乾隆十三排图》。

《皇舆全览图》的测绘工作始于康熙四十七年（1708 年），康熙五十七年（1718 年）年全图告成，次年颁发。在《皇舆全览图》的测绘过程中，中西学者进行了卓有成效的合作，而康熙帝起到的是决定性的领导作用。他不仅为地图的绘制提供物质、人员保障，并且为整个测绘工作掌舵导航，进行技术方面的规定、指导。

一、康熙帝组织全国地理大测量的缘起

"国家抚有疆宇，谓之版图，版言乎其有民，图言乎其有地。"③舆图是国

---

① 《皇舆全览图》涉及的疆域范围，东北到库页岛、东南到台湾、南至海南岛、西至伊犁河、北至贝加尔湖。

② ［英］李约瑟：《中国科学技术史》（第五卷），科学出版社 1975 年版，第 235 页。

③ （清）赵尔巽等：《清史稿》（卷二八三），吉林人民出版社 1995 年版，第 8016 页。

家疆域的一个缩略图,也是一个国家主权的象征。我国很早就有绘制地图的历史记载,最早可以追溯到夏朝。到了秦汉时期,由于诸侯征战的军事需要,出现了绘制水平较高的地形图。舆图的绘制到了东晋时期出现了重要突破,裴秀创立了"制图六体"的绘图原则,使得中国的舆图绘制走向了理论化的道路。到了明代,舆图的绘制发展到了一个小的高峰,朱思本的《舆地图》在精确性上大大超过了裴秀的舆图。但是,中国舆图绘制技术真正有根本性的全新突破,是在西方传教士来华传入了西方绘图技术之后。

学界部分研究认为,康熙帝绘制全国舆图的计划源于中俄《尼布楚条约》的签订,这个时间同康熙帝在康熙五十八年(1719年)的陈述也是较为吻合的:"《皇舆全览图》,朕费三十余年心力,始得告成。山脉水道,俱与《禹贡》相合。"①《尼布楚条约》是中国与西方国家签订的第一份边界条约。自16世纪下半叶开始,沙皇俄国开始向东部扩张领土;17世纪中叶,沙俄入侵中国黑龙江领域,中俄势力开始在此交锋。康熙二十四年(1685年),清军攻克雅克萨城,遣返沙俄;不久,俄军重新占领雅克萨城;康熙二十五年(1686年)七月,清军再次包围雅克萨城。沙俄政府为解决困境,派使者与清政府进行边界的划界谈判。在此次谈判中,传教士张诚、徐日升发挥了重要的作用。在进行边疆划界问题的研讨时,地图是必不可少的工具,张诚进献给康熙帝一幅亚洲地图供其参考,这让康熙帝极为触动,因为无论是地理信息的精准程度还是详细程度,此图都远远超过了当时清朝官员提供的地图。张诚所进献的地图缺少中国东北的部分地区,他遂趁机向康熙帝提议,组织一次全国性的地理大测量,康熙帝接受了他的建议。

实际上,康熙帝一直都有非常明确的疆域意识,也知舆图能令"王者不下堂而知四方"②,当然,这也是皇权治统达到一定强度的体现。在平定三藩叛乱、收复台湾后不久,康熙帝便下令纂修《大清一统志》,"务求采搜闳

① (清)章梫纂,褚家伟等校注:《康熙政要》,中共中央党校出版社1994年版,第343页。

② (唐)虞世南编撰:《北堂书钞》,中国书店1989年版,第367页。

博,体例精详,厄塞山川,风土人物,指掌可治,画成地图……且俾奕世子孙披牒而慎维屏之寄,式版而念小人之依,以永我国家无疆之历服,有攸赖焉"。① 可见对于舆图的政治功能,康熙帝十分清楚,也就是说,即便没有西方传教士的提议,清政府一样会有自己绘制的舆图。但是,强烈激发康熙帝进行一次大规模的地理测量,并采用西方科技来绘制舆图,还是源于他同西方传教士的交流和科技水平的提升。

康熙帝《庭训格言》中有一段关于此次地理测量以及舆图绘制的记载:

> 中华城池地理图样,虽载于直省志书,但取其大概,而地理之远近俱不得其准。朕以治历之法,按天上之度,以准地理之远近,故毫无差忒。曾分道遣人画山川城郭而量其形势。南至沔国,北至俄罗斯,东至海滨,西至冈底斯,俱入度内,名为《皇舆全图》。又命善于丹青者精心绘出,刊刻成图颁赐。尔等观此图方知我朝地舆之广大。②

从康熙帝对皇子的此番训谕当中,可以看出他进行地理测量、绘制舆图的具体原因:

第一、清政府原有的地图,准确性较差,边界模糊不清,甚至错误百出,这已经在签订《尼布楚条约》时显露了出来。不仅如此,康熙三十七年(1698 年)法国传教士巴多明来华传教时发现,各省的舆图与实际情况不符。他同张诚一样,也将此事上奏给康熙帝,这更加坚定了康熙帝重新组织地理测量、绘制舆图的决心。

第二、康熙帝在学习西方科学的过程中,积累了大量天文、数学、地理知识,通过很多实地测量考察之后,他发现了中国原有舆图不准确的根本原因,即:"天上度数,俱与地之宽大吻合。以周时之尺算之,天上一度,即有

---

① (清)爱新觉罗·玄烨:《康熙帝御制文集》,台湾学生书局 1966 年版,第 661 页。
② (清)爱新觉罗·玄烨:《庭训格言》,中州古籍出版社 2010 年版,第 98 页。

地下二百五十里,以今时之尺算之,天上一度,即有地下二百里。自古以来,绘舆图者,俱不依照天上之度数,以推算地里之远近,故差误者多。"①康熙帝此处所说的"天上之度数",指的是地球的纬度。而要依照"天上之度数"来推算"地里之远近",实际上就是通过测量纬度的变化,再按照比例算法相应推算出地理距离。他的观念,无疑突破了中国古代传统的天文地理思想,是在西方科学影响之下而产生的。

二、康熙帝为全国地理大测量提供的保障

(一) 物质保障

康熙四十七年(1708 年),康熙帝组织传教士"分赴蒙古各部、中国各省,遍览山水城郭,用西学量法,绘画地图",并且谕令各级官员尽可能地对此提供一切帮助,"并谕部臣选派干员,随往照料,并咨各省督抚将军,札行各地方官,供应一切要需"。② 法国传教士冯秉正也在致 P. de Colonia 书中提到在此次地理大测量过程中受到的优待,"我们这次所经过的中国一切大小地方,城市乡镇,山河溪涧等等,每一地方官都奉命给我们照料一切,一点也不需要我们自己操心",并感慨称"这情形是欧洲绝不会有的"。③ 有了这样的物质保障,"受命作图者皆努力从事,各省重要地点必设法亲到;查阅各府州县志书;咨询各地方官……"。

(二) 技术保障

1. 注重实地测算,关注地理问题

绘制全国舆图需要的不仅仅是地理学知识,它与数学、天文学、测量学也都密切相关。作为整个测绘工作的领导者,需要制定测绘标准、统一测绘方法,康熙帝本人的天文、地理、数学等科技素养在整个工作中起到很大

---

① 《圣祖仁皇帝实录》(三)(卷二四六),中华书局 1985 年版,第 440 页。
② 韩琦、吴旻校注:《〈熙朝崇正集〉〈熙朝定案〉〈外三种〉》,中华书局 2006 年版,第366 页。
③ 转引自方豪:《方豪六十自定稿》(上),台湾学生书局 1969 年版,第 577 页。

作用。

康熙帝一直非常关注地理问题，自称"朕于地理，从幼留心。凡古今山川名号，无论边徼遐荒，必详考图籍，广询方言，务得其正"。① 他在《几暇格物编》中著有"九河故道"、"江源"、"恒河"、"黄河九曲"、"察哈延山"等多篇地理方面的文章。在对地理问题进行考证的过程中，康熙帝频频引用《舆地志》、《水经注》、《禹贡》、《地记》等古籍的记录，说明其对各类相关典籍非常熟悉。尤其是在探究河流发源和交汇、山脉走向等问题上，他都达到了较为专业的程度。

康熙帝在同传教士学习西方科学之后，更加注重实地的勘察、测量，即便是在外出巡游的过程中，也携带测量仪器，随时进行调研测绘。耶稣会士张诚在跟随康熙帝赴塞外出巡的日记当中多处提到康熙帝用几何方法测量距离、用仪器测量石峰高度等事例。洪若翰在写给拉雪兹神甫的信中也称"他（康熙帝）并不只满足于书本上的知识，而总是把所学的知识付之于实践"，例如，"皇帝曾亲自平整了三或四法里的河坡地。他有时用几何方法测量距离，山的高度、河流与池塘的宽度。他自己定位，对仪器进行各种各样的调整并精确地计算"。② 尤为值得一提的是，即便在领军作战的途中，他也不忘察验地理情况。例如，康熙三十五年（1696 年），康熙帝亲征噶尔丹之时，就谕令在京留守的皇太子胤礽测量从京城到独石口的距离："自独石口至喀伦，以绳量之有八百里，较向日行人所量之数日见短少。自京师至独石口为路甚近，约计不过四百二十三里。皇太子可试使一人绳量之。喀伦地方用仪器测验北极高度，比京师高五度。以此度之，里数乃一千二百五十里。"③可以说，这些科学素养的形成，使得康熙帝具备了对地理大测量工作的综合把握和领导决策能力。

---

① 《圣祖仁皇帝实录》（三）（卷二九〇），中华书局 1985 年版，第 819 页。

② ［法］杜赫德编：《耶稣会士中国书简集：中国回忆录》（一），大象出版社 2001 年版，第 281 页。

③ （清）爱新觉罗·玄烨：《康熙帝御制文集》，台湾学生书局 1966 年版，第 888 页。

2.确立统一的测绘标准

在整个地理大测量中,使用的都是康熙帝确立的测绘标准,即将以往各省舆图中不一致的丈量尺度进行了统一,以工部营造尺为标准,合一百八十尺为一里。"在测绘中始终使用的尺度是皇上在几年前确定的,这里指的是宫中的营造尺,与一般市尺不同,与数学计算中使用的尺度也不同。托马斯神甫(Pere Thomas)在使用此尺时发现:1度正好等于200里,每里为180丈,每丈为10尺。根据巴黎科学院的测试,每度的二十分之一合2853特瓦斯,而1特瓦斯等于6夏特来尺,这正好等于中国的1800丈,或10里。根据上述尺度计算,一度等于我们的20长里(或叫海里),也即等于中国的200里。"①为了使测绘标准更准确的保持,康熙帝规定了具体的操作方法——"绳量法",按照营造尺十八丈为一绳,十绳为一里。实际上,康熙帝在地理测量当中经常使用该法,上文提到的康熙帝在亲征噶尔丹的途中测量自独石口至喀伦的距离,使用的就是"绳量法"。并且,康熙帝还时常对测绘人员的测量结果进行核准,"皇上将(汤尚贤)神甫召至御前,令他在图上指出一些圣上亲自观测过的地点。神甫一一指明,正确无误,皇上多次赞叹:'一点不错。'"②

3.规定测量方法

三角测量法是由传教士引进的欧洲测绘方法,康熙帝在传教士绘制的北京地图当中发现了此法精确程度很高,决定在全国地理大测量当中加以采用。所谓三角测量法,是将地面上选择的点连接起来形成三角形,然后用望远镜观测各个水平角,之后再根据已经选定的基准线长度,推算其他点的经纬度坐标。当然,使用三角测算方法之前,需要进行一定的天文测量,即先用天文测量法测得部分地点的经纬度,然后再用三角测算法推算其他地

① [法]J.B.杜赫德:《测绘中国地图纪事》,载中国地理学会历史地理专业委员会《历史地理》编辑委员会编:《历史地理》(第2辑),上海人民出版社1982年版,第210页。
② [法]J.B.杜赫德:《测绘中国地图纪事》,载中国地理学会历史地理专业委员会《历史地理》编辑委员会编:《历史地理》(第2辑),上海人民出版社1982年版,第208页。

区的经纬度。参与地理大测量的法国传教士雷孝思提及此算法时曾称:"由于所测城市相距很近,用天文观测法实际上几乎无法进行。由于钟摆运动不均或对木星卫星掩始时间观察不够精确这样最小的误差,都会使经度测定的结果形成相当大的错误……而用三角测量法就不会有此弊病。"①三角测量法可以在两地之间形成相互交织的三角网,并且,不断地进行三角法测量不仅可以测知一地的经度,还可以获得该地的纬度。可见三角测算法较之纯粹天文测量法更为实用、可行。

由于此次地理大测量规模大、测量方法新,为了保证测量效果,康熙帝命负责测量的白晋等传教士在北京地区先行试验,测量完毕、地图绘制完成之后,与旧舆图进行比较的结果令康熙帝十分满意,随后开始进行全国各地的大测量和各省舆图的绘制。

三、西方传教士在地理测量及其舆图绘制中的努力

"明末中国天主教人士,在科学上作了一件集体大工程,那就是崇祯年间的修历;清初中国天主教人士,也完成了一件规模更大、在科学上成绩也更卓著的伟业,那是康熙年间的测绘全国地图。"②可以说,康熙帝组织和领导的全国地理大测量之所以能够进展顺利,效果良好,西方传教士在其中起到了不可替代的重要作用。

首先,西方传教士带来了先进的天文地理知识和新的绘图方法。明万历十年(1582 年),利玛窦抵达肇庆传教之时,就带来了一张世界地图——《万国舆图》,引发了中国人极大的兴趣,此图不久即被译为中文出版,命名为《山海舆地全图》。利玛窦、汤若望、南怀仁、卫匡国等传教士都曾经对中国的部分城市进行过经纬度的测量,并以此为数据为基础绘制过地图。南怀仁 1674 年在北京刊印《坤舆全图》,随后又出版《坤舆图说》两卷,对《坤

---

① [法]J.B.杜赫德:《测绘中国地图纪事》,载中国地理学会历史地理专业委员会《历史地理》编辑委员会编:《历史地理》(第 2 辑),上海人民出版社 1982 年版,第 209 页。
② 方豪:《中国天主教史人物传》(中册),中华书局 1988 年版,第 298 页。

舆全图》进行了详尽的说明。

其次,传教士为测绘工作付出了艰辛的努力,甚至做出了牺牲。为了使传教士承担的测绘工作更为清晰的展现,特将测绘进程整理如下。

开始时间	地点
康熙四十七年 (1708 年)	白晋、雷孝思、杜德美负责测量长城一带,随后白晋患病,只余两人继续工作。
康熙四十八年 (1709 年)	雷孝思、杜德美、费隐前往东北各地测量,年底返回北京,又去往直隶测绘。
康熙四十九年 (1710 年)	雷孝思、杜德美、费隐再次去往东北,在黑龙江地带测绘。
康熙五十年 (1711 年)	雷孝思、麦大成前往山东测绘;杜德美、费隐、山遥瞻去往长城以外的喀尔喀蒙古测绘;麦大成、汤尚贤测绘山西、陕西两省。①
康熙五十一年 (1712 年)	雷孝思、冯秉正、德玛诺先后测绘河南、江苏、安徽、浙江、福建。
康熙五十二年 (1713 年)	麦大成、汤尚贤测绘江西、广东、广西;费隐、山遥瞻测绘四川、云南。
康熙五十三年 (1714 年)	雷孝思、冯秉正、德玛诺测绘台湾。
康熙五十四年 (1715 年)	雷孝思测绘云南;费隐、雷孝思测绘贵州、湖北、湖南。

由此可见,传教士承担的测绘工作十分繁重,虽然有沿途各级官员提供的物质保障,但依然需要克服时间长、路程远、工作烦琐等困难。并且许多地区自然条件十分恶劣,在云南地区测绘时,传教士费隐、山遥瞻就身患重病,最终山遥瞻病逝于云南边界。欧洲传教士们之所以能够克服种种困难,甚至付出生命的代价,还是因为他们深知这对于他们在华的传教事业大有裨益。因为在刚接受这项任务时,他们就看到了康熙帝对此项工作的重视,"他(康熙帝)视此为对国家至关紧要的事业,将不惜一切代价使之成功"②。

---

① 为了加快测绘进度,自康熙五十年(1711 年)开始,康熙帝将测绘人员分成两路进行测绘。

② [法]J.B.杜赫德:《测绘中国地图纪事》,载中国地理学会历史地理专业委员会《历史地理》编辑委员会编:《历史地理》(第 2 辑),上海人民出版社 1982 年版,第 207 页。

他们试图通过完成这项重要的工作,来获得康熙帝的信任。"这对要在他的帝国里弘大基督教是必不可少的,这种信念驱使我们跨越了在从事如此浩繁的工作中所不可避免的种种艰难险阻。我们出于至诚,甘之若饴……"①

对于西方传教士在本次地理测量、舆图绘制中起到的作用,学界一直有多种探讨。有学者认为测绘工作完全是由传教士独立完成的。的确,传教士在其中起到了主要作用,但没有中方人员的积极配合,在面积如此广阔的地域进行测绘,成功是很难想象的。所以,客观来讲,《皇舆全览图》应为康熙帝亲自主持、指导,而由西方传教士与中国官员和学者共同参与,历时几十年而完成的。

关于此次全国范围内的地理大测量及其所绘制《皇舆全览图》的价值,后世有诸多学者撰文讨论,例如认为其首次创立了以地球每度经线的弧长来决定长度标准;最早发现和测绘了地球最高峰——珠穆朗玛峰;用实地测量证明了牛顿"地球扁圆说"的正确性等。② 然而,如此有价值、耗费了诸多人力、物力测绘的地图却一直被锁在深宫当中,未曾刊行,这成了康熙帝科技活动中极遭后人诟病的一个典型事例。

基于《皇舆全览图》在测绘学、地理学、天文学等领域的重要意义,该成果未能及时公之于世着实令人遗憾,然而,这从另一个角度更为清晰的说明,康熙帝所从事的一系列科技活动,其根本目的是为了皇权统治,而非科学本身。全国地理大测量即是清朝疆域有了较大变化之后,统治者为了巩固皇权的统治而进行的勘测。此次地理大测量极为重视对边疆地区的测绘,这代表清廷"开始摆脱了把中国只当作是汉族的中国的看法,而是创造出关于中国的新定义,即中国是一个包含内亚地区非汉族的多民

---

① ［法］J.B.杜赫德:《测绘中国地图纪事》,载中国地理学会历史地理专业委员会《历史地理》编辑委员会编:《历史地理》(第2辑),上海人民出版社1982年版,第210页。

② 李孝聪,白鸿叶:《康熙朝〈皇舆全览图〉》,国家图书馆出版社2014年版,第106—107页。

族实体"①。这是对"天下"观念的重新诠释,也是清廷统治正统性的彰显。另外,全国地理大测量及《皇舆全览图》的绘制包含许多军事需求的成分,其机密性的特征也使得最终的成果不能像其他科技成果一样被公之于世。

---

① 韩昭庆:《康熙〈皇舆全览图〉与西方对中国历史疆域认知的成见》,《清华大学学报》(哲学社会科学版)2015 年第 6 期。

第四章 "知识权威":西方科技与康熙帝圣王理想的道统之维

第一节 争当科技权威

根据前文分析,"君师同一"是道统的角色表现,也就是说,要实现"道治合一"的理想,天子需要既是"君"的角色,又是"师"的角色,并且"师"比"君"更具价值优先性。在儒家观念当中,承担道统,成为"师"之圣人的先决条件就是广泛地学习知识,成为"仁"且"智"的统一体。所以,康熙帝要塑造"道治合一"的形象,需要成为学术和知识方面的权威;而在科技方面,就是要做科技权威。

要成为科技权威,首先需要成为科技方面的专家。"杨光先历狱案"之后,康熙帝看到了中国科技发展的不足,正式开始向西方传教士学习西方科学。

他首先拜南怀仁为师,集中学习了几何学、天文学、静力学等学科当中较容易理解的内容,并且掌握了主要的天文、数学仪器的使用方法。在向南怀仁学习的两年多时间里,康熙帝稍有闲暇便向南怀仁询问科学问题。南怀仁曾回忆道:"夜空明澈,皇帝看着半圆形的天空,让我用汉语和我的母语把主要星座讲给他听,以此他想要表明他对自然科学知识的了解,他又拿出来几年前我们为他制作的小型星座图表,依据星座的位置说出时刻来。

在周围的贵族国戚面前,他为能显示自己的学问而感到得意。"①可见,在学习的过程当中,康熙帝就已经在随时注意展示他科技权威的形象了。

康熙帝对西方科学的学习可以用"异常勤奋"来形容,他将处理国事之外的业余时间几乎全部用于学习当中。而且,他往往不满足于仅仅学习天文学、数学,曾有一段时间,他还希望学习西洋乐理。为此,他特地聘请葡萄牙传教士徐日昇为其编写教材,讲授西洋乐器的使用。这种持续性的学习被随后三藩叛乱的紧张战情打断了,直到平息战乱后,康熙帝才有了更多时间学习西学,而此时,由法国国王路易十六派遣的"国王数学家"也来到中国,②接替南怀仁继续担任康熙帝学习西方科学的老师。可以说,康熙二十八年(1689 年)前后,是康熙帝对西方科学更加孜孜不倦地探求的新阶段。

在此期间,康熙帝学习西方科学的勤奋程度常令传教士们感到惊讶,称"康熙皇帝对知识的渴求几乎到了难以置信的程度"。康熙帝不但命传教士每日或间日进宫讲授西方科学,并且在出行或者巡游时期,亦要其陪同跟随,时时询问科学问题并一同做实验。

南怀仁就曾陪同康熙帝外出巡行。康熙二十一年(1682 年),南怀仁陪侍康熙帝巡行东北地区时记录了自己的科学任务:一是根据康熙帝的安排,用科学仪器观测并记录大气和土地的情况、所到之地的纬度、磁针差度、山的高度等;二是答复康熙帝关于天文、气象等问题的询问。③

康熙二十七年(1688 年)至康熙三十七年(1698 年)间,传教士张诚④曾前后八次跟随康熙帝出行巡游,每次皆有详细的旅行日记。在《张诚日

---

① 南怀仁:《鞑靼旅行记》,参见[法]白晋等:《老老外眼中的康熙大帝》,人民日报出版社 2008 年版,第 66 页。

② 1684 年,洪若翰、白晋、塔夏尔、张诚、李明、刘应六名耶稣会士被法国国王路易十四授予"国王数学家"的头衔,并被法国皇家科学院接纳为成员。1685 年 3 月 3 日,"国王数学家"乘坐船只正式前往中国,经历诸多波折后,1688 年,除中途被派回法国的塔夏尔之外的五名传教士抵达北京,并受到了康熙帝的接见。

③ [法]白晋等:《老老外眼中的康熙大帝》,人民日报出版社 2008 年版,第 58 页。

④ 张诚(P.Jean-Franois Gerbillon),1654 年生于法国凡尔登市,1685 年受法国国王路易十四派遣来到中国,1687 年到达宁波,次年抵达北京,被康熙帝留在宫中供职。

记》当中,随处可见康熙帝学习西方科学、用仪器做实验的记录。

1690 年 （康熙二十九年）	康熙帝与传教士的科学交流
1 月 16 日	让我把我们离开法国时梅恩公爵所赠半圆仪的性能解释给他听……我把它的用途作了一些解释。可是皇上还要同时弄懂圆周的相交和同心把度数切割为分数的法子。他很赞许这件仪器的精确。他还表示想要认识欧洲文字和数码,以便自己也能够使用它们。他拿起半圆仪,令我们教他怎样用。①
1 月 17 日	很早皇上就召我们进宫……解释几何上的问题……他让我们把南怀仁神甫指导下为他所制的各种仪器的用途再讲一遍。②
1 月 18 日	我们四人全都进宫,在那里向赵老爷讲解一些几何题。③④
1 月 19 日	像以前一样,我们用由南怀仁神甫指导为皇上制作的等高仪,为他讲解了好些几何学上的问题。皇上在我们以及他的朝臣面前,似乎很重视他自己对科学的理解,和我们为他所作讲解的领会。⑤
1 月 20 日	圣驾再临养心殿与我们同在一起三个小时左右……皇上又和我们一起测量距离与高度。⑥
1 月 21 日	皇帝陛下在我们从大内退出以后,又把安多神甫和徐日升神甫叫回去,为他把今天所讲的课,重新讲解一遍。
1 月 22 日	皇上对所讲的课不能十分了解……一会又传旨令白晋神甫和我研究学习鞑靼语的最简洁办法。

---

① ［法］张诚著,陈霞飞译：《张诚日记(1689 年 6 月 13 日—1690 年 5 月 7 日)》,商务印书馆 1973 年版,第 64 页。

② ［法］张诚著,陈霞飞译：《张诚日记(1689 年 6 月 13 日—1690 年 5 月 7 日)》,商务印书馆 1973 年版,第 65 页。

③ 因为张诚对满语和汉语的掌握程度有限,尤其是对一些专业的科学术语,常常无法清晰地说明。康熙帝有时因无法很清楚地明白他的表达,故命其先将话表述给大臣,再作翻译。

④ ［法］张诚著,陈霞飞译：《张诚日记(1689 年 6 月 13 日—1690 年 5 月 7 日)》,商务印书馆 1973 年版,第 65 页。

⑤ ［法］张诚著,陈霞飞译：《张诚日记(1689 年 6 月 13 日—1690 年 5 月 7 日)》,商务印书馆 1973 年版,第 66 页。

⑥ ［法］张诚著,陈霞飞译：《张诚日记(1689 年 6 月 13 日—1690 年 5 月 7 日)》,商务印书馆 1973 年版,第 66 页。

续表

1691 年 （康熙三十年）	康熙帝与传教士的科学交流
5 月 9 日	皇帝派人来告知我，说他想看一些数学书，要在旅途中复习他学过的《实用几何学》，……皇帝陛下随即派内侍返回北京去取《实用几何学》和《几何学纲要》。晚上，皇帝召见了我，并要我坐在他的侧旁。他提了几个几何学的问题，还做了几道以前学过的证明题，以作为复习。①
5 月 10 日	到达住宿地后，皇帝遣人来问我关于星体的几个问题，主要是关于北极星运动的问题。我拿出帕迪斯神父的天体图给皇帝看，图上我已经用中文注明了各星的名称和星座位置。晚上，皇帝和我一同研究了 10 多个三角学问题，我坐在他身旁整整有一个小时。在我的帮助下，他领会了这些问题的证明方法。②
5 月 11 日	……到达后不久，皇帝问了我几个问题：此地纬度超过北京多少？在计算子午线投影时要作何改换？③
5 月 12 日	皇帝问了我几个问题，主要是关于利用星座测定北极高度的方法以及罗盘针角度偏差的问题。④
5 月 13 日	我把半圆仪呈献给皇帝，他对这个仪器十分珍重，专门命理一位骑士将它背在后背上随身携带。另外，皇帝还特意赐给我一个双层外盒装。……晚上我给皇帝讲完几何学之后，就把根据观察得到的北极高度的计算结果以及子午线投影的计算结果献给了他，皇帝对此十分满意，并对我们用满文专门为他编写的《实用几何学》给予了极力称赞。⑤

　　从以上摘录的《张诚日记》中关于康熙帝学习西方科学的记录，可见他对西方科学的理解程度较之从前向南怀仁学习时已经有了更为明显的进步。并且，随着科技水平的不断提高，康熙帝越发重视各类科学仪器的使用，尤其是用科学仪器进行实地的考察和实验。这不仅仅是因为实验本身即是学习的一部分，还因为实验的展示过程对康熙帝来说有很重要的作用。因为在科技外行的眼中，没有什么比实验成功、数据吻合更有震慑力的了，

① ［法］白晋等：《老老外眼中的康熙大帝》，人民日报出版社 2008 年版，第 140 页。
② ［法］白晋等：《老老外眼中的康熙大帝》，人民日报出版社 2008 年版，第 140 页。
③ ［法］白晋等：《老老外眼中的康熙大帝》，人民日报出版社 2008 年版，第 141 页。
④ ［法］白晋等：《老老外眼中的康熙大帝》，人民日报出版社 2008 年版，第 142 页。
⑤ ［法］白晋等：《老老外眼中的康熙大帝》，人民日报出版社 2008 年版，第 142 页。

这也是康熙帝在清初中西历法之争的过程中得到的深刻体会。《张诚日记》中详细记录过一次康熙帝亲自做测量实验的过程:

> 皇帝陛下拿出他的那个直径为半英尺的半圆仪,从不同的角度来测量石峰高度,测了两次之后,他提议我和他各自单独进行计算,结果我们都算出石峰的高度是 430 尺(中国尺)。朝臣们看到我们的计算结果完全一致,不由得对皇帝大加赞美。接着,皇帝陛下又从几何距离上进行了测量,即用绳子来量实物,其结果也和计算所得完全吻合。而后,陛下取来一块石头,用一支箭来与之相平衡,来计算这块石头的重量,计算出来后,用天平称出这块石头的重量,证明了他的计算也是准确的。这让在场的王公大臣们加倍钦佩。①

通过张诚记录的实验过程可以看出,康熙帝对测量实验的操作是较为熟练的,他可以使用多种测量方法准确地得到数据,这也是他一直以来刻苦学习、勤加练习的结果。并且,从记录当中提及的两次"在场大臣们的钦佩和赞美"来看,此次实验的展示效果十分成功。诸如此类的例子还有很多,例如康熙三十八年(1699 年)康熙帝在第三次南巡途中,一连多日巡视河工,行至高邮时,亲自进行多次测量,发现多地河水高于湖水。康熙帝遂多次谕令于成龙加紧筑修堤坝,"此一带当湖石堤,甚为紧要,可速行修造"②。就这样,康熙帝科技权威的形象伴随着一次次成功的实验展示而更加深入人心。

在集中学习西方科学的几年时间里,康熙帝同传教士的关系也越来越密切。他时常对他们表达非一般的信任:"我们这个帝国之内有三个民族,满人像我一样爱敬你们,但是汉人和蒙古人不能容你们。你们知道汤若望

---

① [法]白晋等:《老老外眼中的康熙大帝》,人民日报出版社 2008 年版,第 166 页。
② 《圣祖仁皇帝实录》(二)(卷一九二),中华书局 1985 年版,第 1037 页。

神甫快死的那一阵的遭遇,也知道南怀仁神父年轻时的遭遇。你们也必须经常小心会出现杨光先那种骗子。因此,你们应以谨慎诚惧作为准则。"①"他(康熙帝)问我(张诚)在中国有多少传教士?在哪些地方设了教堂?他继续谈到他如何发觉杨光先的欺诈行为,他如何亲自检查一切,虽然当时他只有 15 岁,不知信任谁好,而且还不认识我们。"②

　　传教士的措辞或许有一些夸张的成分,如多次以康熙帝的口吻直接称呼杨光先为"骗子",但从其记录当中可以看出康熙帝的多重身份对于他处理宗教、科学事宜的影响。清初的帝王一直都在努力解决政权正统性的问题,他们深知在汉人眼中,"华夷之分"的偏见始终存在。所以,他们对汉族士大夫的态度一直十分微妙。在很多事情的处理上,比起汉人,康熙帝更倾向于信赖远道而来、对其始终忠心耿耿、并且也是异族身份的西方传教士。但是,康熙帝作为入主中原的一国之君,又有着"道治合一"的圣王理想,他的全部立场必须是维护皇权、执掌儒家道统。所以,对于以传教为目的的西方传教士,他又须得保持十分的警惕。"他考察过我们这些传教士的行为。他不光在朝廷内,还特地派人住在我们家里,并派出可靠的人去外省查考我们的教会弟兄在那里的举动。"③并且,康熙帝始终十分清楚,"杨光先历狱案"的平息并不代表中西文化冲突的终结。所以,他多次警告传教士,"令我们在讲论我们的科学或提到任何有关我们自己事情的时候,都要小心谨慎,特别是当着汉人和蒙古人的面前。汉人和蒙古人不愿在国内看见我们,因为他们各有自己所极其偏信的和尚或喇嘛"。④

---

　　① ［法］张诚,陈霞飞译:《张诚日记(1689 年 6 月 13 日—1690 年 5 月 7 日)》,商务印书馆 1973 年版,第 72 页。

　　② 《张诚日记》(1691 年张诚神甫第三次去鞑靼地区旅行),参见［法］白晋等:《康熙帝传》,珠海出版社 1995 年版,第 212 页。

　　③ ［法］张诚著,陈霞飞译:《张诚日记(1689 年 6 月 13 日—1690 年 5 月 7 日)》,商务印书馆 1973 年版,第 71—72 页。

　　④ ［法］张诚著,陈霞飞译:《张诚日记(1689 年 6 月 13 日—1690 年 5 月 7 日)》,商务印书馆 1973 年版,第 77 页。

自明末开始，西方传教士走的就是一条"上层传教"、"学术传教"的路线，即以西学为工具赢得中国社会上层阶级的青睐，以获得"自上而下"的传教机会。明末，西方科技的传播主要在士大夫阶层产生了效果，然而到了清初，康熙帝对西方科学的学习与提倡，令传教士觉察到这是一个绝佳的传教机会。因为他们十分清楚，一国之君对于天主教的态度是至关重要的，所以传教士们才倾其全力地为康熙帝讲授西方科学。在此过程中付出了诸多艰辛的努力，包括编写教材、翻译书籍、学习满文等。他们常常很早便前往内廷，很晚才回到住所，而且还要继续准备第二天的授课内容，往往直至深夜才能入寝。

康熙帝对西方科学孜孜以求、并逐步成为宫廷科技权威，这个结果也是传教士们十分满意的，因为："康熙帝成为唯一掌握西方天文数学知识的中国人，这可以保证他对相关事务的绝对仲裁者的地位"；反之，如果中国学者像明末士大夫一般，能够掌握西方科技，"那么他们便失去了藉以立足宫廷的长技"。①

第二节　御制科技典籍

前文已论及，在康熙帝塑造"学术权威"形象、抢夺道统话语权的过程中，御制典籍是一个重要手段。在对儒家重要经典进行疏解、汇编和刻印的过程中，康熙帝并非只将"御制"的名称冠于其上，而是"溯其源流、亲加考订"，在这个过程中，康熙帝既是"主编"，又是"终审"。通过御制典籍，康熙帝一方面可以将一些"皆有关于治天下国家之务，非等于寻常记载之书"②汇集成册，使子孙臣僚们悉心观摩、奉为圭臬，以显示自己"黾勉法古之意"③，并引导学术潮流；另一方面，对有损皇权的文献必定予以删改、挞伐，

---

① 田森：《中国数学的西化历程》，山东教育出版社 2005 年版，第 98 页。
② （清）爱新觉罗·玄烨：《康熙帝御制文集》，台湾学生书局 1966 年版，第 1098 页。
③ （清）爱新觉罗·玄烨：《康熙帝御制文集》，台湾学生书局 1966 年版，第 1098 页。

以导正臣民的思想。

在御制的典籍当中,科技方面的著作也占有相当重要的分量;甚至可以说,相较于其他御制典籍,御制科学典籍与康熙帝的关系更加密切,对清代科技发展的影响更为深远。因为除了西方传教士,康熙帝几乎成为西方科学最"内行"的专家,他的好恶甚至决定了入传之西学的学科类型、结构。所以,作为科学传播标准唯一的裁判者,康熙帝主持编纂、亲自撰写的科技著作的分量就显然尤为厚重。

一、大型科技丛书的编纂

《律历渊源》是康熙帝晚年付出极多心血、动用大批人力编纂的一部百科全书式的科技巨著。虽然根据前文所述,就康熙帝数十年对科技的关注和重视而言,编纂一部集大成的科技典籍是水到渠成之事,就如同他所御制的其他儒学经典一样,都是其"学术权威"形象的彰显;然而,关于《律历渊源》编纂的具体背景和缘由,仍需要做一番探讨。学界对于此问题的关注,主要集中在以下几个方面。

第一,大臣奏请编修历算之书。文华殿大学士张玉书曾上书:因"乐律算术之学,失传已久,承讹袭舛,莫摘其非,奥义微机,莫探其蕴",所以需要"特赐裁定,编次成书,颁示四方",这样,一来可以促进天文、历算、乐律之学的传播,二来可以纠正以往旧学的差谬。① 翰林院编修陈厚耀也曾向康熙帝建议"定步算诸书,以惠天下"②。

第二,康熙帝发觉西洋新法并非全然准确,也常有差谬。康熙五十年(1711年),钦天监用西洋新法测算的夏至时刻是"午正三刻",而康熙帝通过日影观测,推算的时间是"午初三刻九分"。康熙帝遂深受触动,认为:"西法大端不误,但分刻度数之间,积久不能无差。……此时稍有舛错,恐

---

① (清)赵尔巽等:《清史稿》(卷九四),吉林人民出版社1995年版,第1866页。

② (清)阮元等撰,冯立昇、邓亮、张俊峰校注:《畴人传合编校注》,中州古籍出版社2012年版,第357页。

数十年后所差愈甚。犹之钱粮,微尘秒忽虽属无几,而总计之,便积少成多。此事实有证验,非比书生论说可以虚词塞责也。"①

第三,由于礼仪之争导致的一系列矛盾,致使康熙帝对传教士产生了信任危机。1704 年,教皇发布七条禁令,包括禁止祭孔、拜祖,禁止教堂悬挂康熙帝题写的"敬天"的匾额,禁止以"天"或"上帝"来称呼天主等条例。这种反对中国礼仪的禁令触怒了康熙帝。随后教皇又多次重申 1704 年的教令,这更令在华传教士更陷入一种艰难境地,康熙帝对他们的信任大不如前。

可以说,以上都是促成《律历渊源》这部大型科技丛书编纂的重要因素。该丛书是以明末传教士传入中国的天文、历算著作为基础而编纂的,然而整个编纂过程却几乎无传教士参与其中,这很显然与从前康熙帝对传教士的倚重形成了鲜明的对比。韩琦曾将这一现象评价为:康熙帝想努力摆脱传教士对历算的控制,倡导"自立"精神,包括他在历算中心、天主教的重镇——钦天监之外独立设立蒙养斋,令皇三子胤祉直接负责历算著作的编纂等,都是想从各种方面摆脱传教士的指导。② 这是不错的。不过,这种结果实际上更是康熙帝用西方科技辅助其塑造"道治合一"形象的必然。他对待西方科技的态度,由开始的孜孜以求、大加利用,到最后的逐渐摆脱、纳西入中,都符合他"道治合一"形象塑造的内在逻辑。他要塑造"学术权威"的形象,这需要使他自己成为独一无二的发声者;他要塑造道统代言人形象,这需要他最终将所有外来文化都内化于道统结构之中而包容之。

当然,此种情形令传教士们大感忿忿不平:"他们在欧洲天文学书籍中钩稽探寻,把有价值的东西译成汉语,把从欧洲人那里学到的一切,以及神父们发明的观察方法和计算程序统统归纳在他们书中。然而,他们未提及

---

① (清)赵尔巽等:《清史稿》(卷四五),吉林人民出版社 1995 年版,第 1101 页。
② 韩琦:《"自立"精神与历算活动——康乾之际文人对西学态度之改变及其背景》,《自然科学史研究》2002 年第 3 期。

传教士是他们的导师，这是欠公允的。"①并且，他们对《律历渊源》的编纂大加贬低："为了掩饰书中的一切都是取材于外国人，著者添加了一些东西，即他们的一些观察结果。为此目的，他们的院士们曾赴各省作实地观察，这也是他们自惹麻烦的起因。他们期于一逞，信心十足地以自身的观察作为理论的依据和基础。但是，因这一依据和基础缺乏可靠及坚固性，他们建设的整座科学和艺术大厦是立于流沙之上。"②

康熙五十二年（1713 年），康熙帝谕令诚亲王胤祉、十六阿哥胤禄"率领何国宗、梅毂成、魏廷珍、王兰生、方苞等人编纂历法、律吕、算法诸书，并制乐器，著在畅春园奏事东门内蒙养斋开局"③。蒙养斋算学馆集合了从各地精挑细选的一大批历算人才；总负责人皇三子胤祉颇有数学天分，除了得到康熙帝亲自指导外，还曾跟随安多、张诚、德理格等人学习数学、律吕知识。康熙帝作为编纂工作的领导者，在组织人员、选拔人才等方面起到了重要作用。《康熙朝朱批奏折》中载有多篇胤祉等向康熙帝汇报编纂研究进展，以及康熙帝对胤祉等人进行指导的往来奏折，表明了康熙帝对此事的密切关注。

康熙帝命胤祉等研习《几何原本》、《周髀算经》，并在《几何原本》内御批："此书甚佳，每项每节亦很明白，目下虽然章数未定，但前后所编次序并无舛误之处"；"《几何原本》一书，互证之处甚多，务十分留意修之才好"。④

胤祉等人在康熙五十二年（1713 年）十一月十九日的奏折内奏复：

> 臣等尽量详加校勘，书内及互相证明之处，务必详细明白，务

---

① ［葡］佛朗西斯·罗德里杰斯著，黎明、思平译：《葡萄牙耶稣会天文学家在中国：1583—1805》，澳门文化司署 1990 年版，第 104 页。

② ［葡］佛朗西斯·罗德里杰斯著，黎明、思平译：《葡萄牙耶稣会天文学家在中国：1583—1805》，澳门文化司署 1990 年版，第 105 页。

③ （清）王兰生：《交河集》，载国家清史编纂委员会：《清代诗文集汇编》，上海古籍出版社 2010 年版，第 467—468 页。

④ 中国历史第一档案馆编译：《康熙朝满文朱批奏折全译》，中国社会科学出版社 1996 年版，第 914 页。

求互证合理，阅览容易。再《周髀算经》内皇父改正之处，臣等阅后，心内宽舒，欢悦不尽，且亦赞叹不止。目下《几何原本》续本已复对完，除续由报具奏外，今将臣等所修《律吕书》内第十四章恭谨奏览。此章说明弦音、萧音之整身音，半身音之编排不同，大体仿《律吕解要》之例缮写。后面图中之上二图、《律吕解要》之内图、下二图，系臣等编排，伏乞皇父阅后，将应改之处改之，降训旨。①

在《律历渊源》的编纂过程中，康熙帝还随时关注编纂进程，并对编纂质量进行检验。故往来奏折当中既有康熙帝对部分编纂内容的肯定，也有对编纂谬误的批评。如胤祉等人在康熙五十二年（1713 年）十二月初二日的奏折中说：

> 由皇父处带回臣等所奏《律吕书》一章、《几何原本》一卷，臣等恭受看得，于《律吕书》内奉旨："此讲甚尽。钦此钦遵。"臣等欢悦伏思。修《律吕书》时，因恐不能按皇父指教缮写，故各自奋力。目下皇父阅览后降此旨，臣等实欢忭不尽。再，于《几何原本》中奉旨："一部成型好书内，若有错字，算何规矩？详校之。钦此钦遵。"臣等按页逐字一一细加核对，书全部修成之时，务使前后明白相合，头尾俱合后，方可修为成书。故臣等将目下改得《几何原本》第三卷，一并恭谨奏览。②

这些记载也可以很好地证明，康熙帝于此一事上的贡献不仅是以"御制"的名义组织科学典籍的编纂，还亲自制定编辑的标准，并在编辑的过程

---

① 中国历史第一档案馆编译：《康熙朝满文朱批奏折全译》，中国社会科学出版社 1996年版，第 914 页。

② 中国历史第一档案馆编译：《康熙朝满文朱批奏折全译》，中国社会科学出版社 1996年版，第 918—919 页。

当中针对具体问题同编者进行讨论,这在历代帝王中都是绝无仅有的。

共计一百卷的《律历渊源》于康熙六十一年(1722 年)编纂完成,包括《历象考成》四十二卷、《数理精蕴》五十三卷、《律吕正义》五卷。这三部分主要涉及天文学、数学、乐理学,也是康熙帝最为熟悉的三个科学门类。雍正帝曾在《数理精蕴》序中概括了这三部分的关系:"夫理与数,合符而不离。得其数,则理不外焉,此《图》《书》所以开《易》范之先也。以线体例丝管之别,以弧角求经纬之度,若此类者,皆数法之精而律历之要。斯在故三书相为表里,齐七政、正五音而必通乎《九章》之义所由,试之而不忒,用之而有效也。"①对这部丛书的价值,雍正帝盛赞道:"故凡古法之岁久失传,择焉而不精,与西洋之侏离诘屈,语焉而不详者,咸皆条理分明,本末昭晰。其精当详悉,虽专门名家,莫能窥万一,所谓惟圣者能之,岂不信欤!"②抛却其中的溢美之词,这些评价还是较为准确的。

(一)《历象考成》

《历象考成》是《律历渊源》的第一部分,以利玛窦的《西洋新法历书》和南怀仁的《灵台仪象志》、《康熙永年历法》等书为基础编纂而成,并且在编撰的过程中还吸取了诸如王锡阐、梅文鼎等中国历算学家的成果,所以,此书可以称为中国学者自明末学习西方天文学以来的一次学术大总结。该书分为上、下两编。上编共有十六卷,命名为《揆天察纪》,着重阐明天学原理,包括历理总论、弧三角形、日躔历理、月离历理、交食历理、五星历理和恒星历理。下编共有十卷,命名为《明时正度》,主要讲述计算方法,包括日躔历法、月躔历法、月食历法、日食历法、土星历法、木星历法、火星历法、金星历法、水星历法和恒星历法。另外,还附有十六卷(十个算表),包括日躔表、月躔表、交食表、五星表、恒星表、黄赤经纬互推表。

①　(清)爱新觉罗·胤禛著,魏鉴勋注释:《雍正诗文注解》,辽宁古籍出版社 1996 年版,第 233 页。
②　(清)爱新觉罗·胤禛著,魏鉴勋注释:《雍正诗文注解》,辽宁古籍出版社 1996 年版,第 233 页。

虽然《历象考成》在天文体系上沿用的仍然是第谷体系,这一模型体系本身的陈旧使得《历象成考》在推算日食、月食方面仍然存在不小的误差,乾隆年间又重修为《历象考成后编》①,但作为一个学术总结性质的成果,《历象考成》还是有很高的学术价值。

首先,《历象考成》在数据的精确度方面比《西洋新法历书》有所进步。康熙帝最初修书的原因之一即是"古历规模甚好,但其数目岁久不合"②;通过组织专业人员反复观测、测量,③《历象考成》一书在诸如日食月食的推算、黄赤交角的确定、平太阳时和真太阳时的时差等方面的测算都更加精确。

其次,《历象考成》更加强调实用性,因而有更强的针对性。《历象考成》增补、澄清了《西洋新法历书》中的一些模糊的地方,主要是与制定历法直接相关的应用模型等部分;对于《西洋新法历书》中介绍的古代观测记录、物理知识等进行了简略处理或者直接删减。另外,《历象考成》在成书的逻辑结构上较之《西洋新法历书》有很大调整,叙述更加清晰,而且图文结合的方式使得学习者理解起来更加容易。

总之,"《历象考成》……其本身比《崇祯历书》更为清晰、更为系统,说明中国学者经过数十年的学习已经掌握了西方古典天文模型应用技巧";"全书图象清晰、天文模型几何原理的叙述系统详明,比起中国传统官方历法已有了很大的进步,知识结构虽有不足之处,但这是当时历史局限性所致,无须过于苛求古人"。④ 这些评价对于《历象考成》来说还是较为公

---

① 《历象考成后编》始修于雍正八年(1730 年),由传教士戴进贤、徐懋德等人负责编写,完成于乾隆七年(1742 年)。《历象考成后编》共有十卷,其内容包括:日躔数理、月离数理、交食数理、日躔步法、月离步法、月食步法、日食步法、日躔表、月离表、交食表。

② (清)赵尔巽:《清史稿》(卷二二〇),吉林人民出版社 1995 年版,第 7261 页。

③ 康熙帝除了命人在畅春园以及观象台逐日测验外,还遣人在福建、广东、云南、四川、陕西、河南、江南、浙江八省,逐日测量。"得其真数,庶几东西南北里差及日天半径,皆有实据。"参见赵尔巽:《清史稿》(卷四五),吉林人民出版社 1995 年版,第 1102 页。

④ 张祺:《〈历象考成〉对〈崇祯历书〉日月和交食理论的继承与发挥》,内蒙古师范大学科技史专业,博士学位论文,2014 年。

允的。

（二）《律吕正义》

《律历渊源》的第二部分是《律吕正义》，共分三编。① 上编为"正律审音"，旨在"发明黄钟起数，及纵长、体积、面幂、周径律吕损益之理，管弦律度旋宫之法"；下编为"和声定乐"，旨在"明八音制器之要，详考古今之同异"；②续编为"协均度曲"，包括西洋乐理、五线谱、音阶唱名等。《律吕正义》延续了《律历渊源》一贯的编纂方针，大量吸收西洋乐理知识，尤其是葡萄牙传教士徐日升与意大利音乐家德里格所讲授的音乐理论。

"五十二年，遂诏修律吕诸书，于蒙养斋立馆，求海内畅晓乐律者。光地荐景州魏廷珍、宁国梅毂成、交河王兰生任编纂。"③《律吕正义》的编纂者魏廷珍、梅毂成、王兰生皆为天文、历算、乐律、音韵皆通之人，这是因为该书涉及的并不单纯是音乐问题，或者说乐律本身即与天文历算关联密切。乐律是指"音阶形成以后，人们为了更确切说明音阶各音的关系，采用数理概念说明音关系的一种理论"④，所以研究乐律必然需要使用数学方法。中国古代一直有"律历融通"的思想，自班固在《汉书》中首将"律书"与"历书"合为"律历志"始，随后的许多朝代史书当中也都有此志。可见要厘清乐律问题，必须通历算，除此之外，还要有物理、工艺、考古等诸多领域的造诣。

要特别指出的是，在《律吕正义》当中，康熙帝一改古代乐律的"十二律"系统，提出"十四律"这一全新的制乐思想，这也是后世对《律吕正义》一书关注的焦点。对此，音律学家多持批评否定态度，认为康熙十四律是"纯

---

① 《律吕正义》另有"后编"一百二十卷，为乾隆帝敕编，由允禄、张照等人于乾隆十一年（1746 年）编纂完成。"后编"规模巨大、内容涵盖繁多，有历代的乐舞制度、和清初以来的宫廷典礼乐章、乐谱、舞谱、乐器图样等。

② （清）赵尔巽等：《清史稿》（卷九四），吉林人民出版社 1995 年版，第 1872 页。

③ （清）赵尔巽等：《清史稿》（卷九四），吉林人民出版社 1995 年版，第 1867 页。

④ 杨久盛：《清代盛京宫廷乐舞研究》，春风文艺出版社 2013 年版，第 97 页。

粹出于个人空想的"、"本身紊乱无序的"①，它不仅在理论上站不住脚，而且在实践中也很难实施。这种乐律"既不是西洋的纯律，也不是十二平均律，也不是中国旧制的三分损益律，完全是'革命性'的。……假定将十四律，作成一个新式的钢琴，……会因为不合乎人类审美的直觉，也难以长时期的流传。"②

中国自古采用的都是"三分损益十二律"，即是用"三分损益法"③，将一个八度分成十二个半音，从高到低分别为：黄钟、大吕、太簇、夹钟、姑洗、仲吕、蕤宾、林钟、夷则、南吕、无射、应钟。其中，奇数音律为阳律，称为"律"，偶数音律为阴律，称为"吕"，故合称"律吕"。康熙帝指出传统制律之则的问题，认为"三分损益、隔八相生"各自有各自的涵义，不能一概而论。三分损益是"制律之则"，而隔八相生是"审音之法"，且"审音之法必取首音与第八音叶和同声以为之准，即首音八音之间区而别之以为五声二变"。但是"五声二变有施于管律者，有施于弦度者，其生声取分，各有不同"④。自汉唐之后，因为都将三分损益误认为是"管音五声二变之次，复执《管子》弦音五声度分，而牵合于十二律吕之中"⑤，并且，阳律和阴吕相互交杂的方式违背了上古圣人的原意。为了论证十四律的合理性，《律吕正义》还援引古之圣贤的述说：

> 孟子曰：不以六律，不能正五音。郑康成大司乐注六律合阳声，六吕合阴声。《国语》以六吕为六间，非阴阳分用之证耶？《吕

---

① 杨荫浏：《中国古代音乐史稿》（下册），人民音乐出版社 1981 年版，第 1013 页。

② 陈万鼐：《清史乐志之研究》，台北"故宫博物院"1978 年版，第 84 页。

③ 三分损益法，是中国古代制定音律时所用的生律法，是根据标准音的管长或者弦长推算其余音律管长或者弦长时所用的长度比例准则。"凡将起五音，凡首，先主一而三之，四开以合九九，以是生黄钟小素之首以成宫；三分而益之以一，为百有八，为徵；不无有三分而去其乘，适足以生商；有三分而复于其所，以是生羽；有三分去其乘，适足以是成角。"参见《管子·地员》。

④ 《十二律吕五声二变》，载《御制律吕正义》（卷一）。

⑤ （清）赵尔巽等：《清史稿》（卷九四），吉林人民出版社 1995 年版，第 1870 页。

氏春秋》以三寸九分之管为声,中黄钟之宫,非半太簇合黄钟之义耶?是以即阴阳之各分者言之,则阳律从阳,阴吕从阴,各成一均而不相紊。①

由此可见,康熙帝十四律的精髓在于改变阴阳律吕相杂合的方法,使得阳律阴吕各成一均:

> 故今所定黄钟为首音宫声,次太簇为二音以商声应,姑洗为三音以角声应,蕤宾为四音以变徵声应,夷则为五音以徵声应,无射为六音以羽声应,半黄钟为七音以变宫声应,此阳律之五声二变也。至半太簇为清宫而与黄钟应,则阳律旋宫之义见焉。如定大吕为首音宫声,则夹钟为二音以商声应,仲吕为三音以角声应,林钟为四音以变徵声应,南吕为五音以徵声应,应钟为六音以羽声应,半大吕为七音以变宫声应,此阴吕之五声二变也。至半夹钟为清宫而与大吕应,则阴吕旋宫之义见焉,所谓阴阳以类相从而不杂者此也。②

对于康熙帝发明该律的意图,有学者称之为"推行复古主义"③,即:其制乐的立足点并非是乐律学,而是上古阴阳学说;其制乐的目的也与发展乐律学本身无关,而在于推翻明代乐律标准,保持与先圣的一致性。"十四律的创造与其说是康熙乐律学的研究成果,毋宁说是对'恪守古制'政治形象的一种塑造。"④

这种"复古主义",同康熙帝"道治合一"圣王形象的塑造也是相吻合的。在儒家文化当中,礼乐文化是其核心和主体内容,历代帝王也通过礼乐

---

① 《十二律吕五声二变》,载《御制律吕正义》(卷一)。
② 《十二律吕五声二变》,载《御制律吕正义》(卷一)。
③ 席臻贯:《从康熙皇帝的音乐活动看〈律吕正义〉》,《音乐研究》1988 年第 3 期。
④ 邱源媛:《清前期宫廷礼乐研究》,社会科学文献出版社 2012 年版,第 93 页。

来规范人民的行为，稳定社会秩序，维护政权的统治。"知礼乐之情者能作，识礼乐之文者能述。作者之谓圣，述者之谓明。明圣者，述作之谓也。"①"王者功成作乐，治定制礼；其功大者其乐备，其治辨者其礼具。"②所以，对于康熙帝而言，"礼"、"乐"本身所代表的政治意义远远超越其艺术价值。他曾就乐律问题抨击儒者："尝见近世之人，事儒学者，空谈理数，拘守旧闻，而于声字之义，鄙而不讲"③，所以，上古圣人所制定的音律法则原本简易，却被后人演绎得越来越驳杂、晦涩。康熙帝强调："是以古圣王惟得中声以定大乐，故与天地同和，荐之郊庙而神鬼享，奏之朝廷而人心、风俗以淳也"④。由此可见，他在乐律学研究上的"复古主义"，同他在道统上的"复古主义"诉求是相同的，即无时无刻不追求塑造自己直承上古圣王的"道统"形象。

（三）《数理精蕴》

《律历渊源》的第三部分《数理精蕴》花费康熙帝精力最大，虽然其主体部分是西方传教士的数学著译作品，但也采用了不少中国古代和当朝数学家的优秀成果。⑤ 此书既倡导中学，又介绍西算，既涉及理论，又涵盖应用，可以说基本代表了当时最先进的数学水平。又因为此书是对历算颇为精通的康熙帝主持编纂的，故而对随后的数学研究影响颇深。有学者指出，"18世纪末，19世纪初，中国数学进入复兴时期。这次复兴是由于受到了西方数学的刺激，特别是受到了康熙时代编译的《数理精蕴》的影响。"并且，自《数理精蕴》出版后，一直并无新的西方数学知识被译成汉语，"因此《数理

---

① 《乐记·乐论篇》，音乐出版社 1958 年版，第 12 页。

② 《乐记·乐礼篇》，音乐出版社 1958 年版，第 15 页。

③ （清）爱新觉罗·玄烨：《庭训格言》，中州古籍出版社第 2010 年版，第 120 页。

④ （清）爱新觉罗·玄烨：《庭训格言》，中州古籍出版社第 2010 年版，第 121 页。

⑤ 《数理精蕴》的一些内容直接采用了梅文鼎的成果，如方程、开带纵较数立方、正多面体计算等。其主要原因是由于梅文鼎有丰富的著作和在历算方面重要的影响。其次，其孙梅瑴成是《数理精蕴》的主编之一，自幼受其影响颇深。另外，编者何国琮、魏廷珍、王兰生等人都曾同其学过天文历算。参见李兆华：《关于〈数理精蕴〉的若干问题》，《内蒙古师大学报》（自然科学版）1983 年第 2 期。

精蕴》在 19 世纪一直被保持'教科书'的标准地位,其中的数学方法被作为 19 世纪中国数学家的数学范例"。[1]

《数理精蕴》共有五十三卷。上编是数理部分,旨在"立纲明体",共有五卷,包括:数理本原、河图、洛书、周髀经解以及《几何原本》、《算法原本》二书。下编有首部、线部、面部、体部、末部五部分,共有四十卷,旨在"分条致用",其涵盖内容十分广泛,包括度量衡、加减乘除、比例、约分通分、方程、勾股、球形、三角形、借根方比例、对数等。另外附有八卷本的八线表、对数阐微表、对数表、八线对数表四种,"皆通贯中西之异同,而辨订古今之长短"[2]。相较于从前算学之书的繁乱、芜杂,康熙帝曾感慨道:"今凡入算之法,累辑成书,条分缕析,后之学此者视此甚易,谁知朕当日苦心研究之难也!"[3]的确,《数理精蕴》的编纂为后学者提供了很大的便利,《算学书目提要》评价此书"卷帙虽富,而采择甚精",所以"学者从此书入手,最易明白"。[4]

《数理精蕴》的上编虽然在全书占有的比例不重,却是数学理论的统领,其开篇的"数理本原"、"河图"、"洛书"、"周髀经解"四篇阐明数学的源头,清晰地体现了康熙帝所倡导的"西学中源"思想。首先,认为数学源于上古时期的《河图》、《洛书》。"粤稽上古,河出图,洛出书,八卦是生,九畴是叙,数学于是乎肇焉",并进一步详细追溯本原,认为加减出自《河图》,乘除出自《洛书》,"一奇一偶,对待相资,递加递减,而繁衍不穷焉;奇偶各分,纵横相配,互乘互除,而变通不滞焉"[5]。其次,认为西学的本源在中学。

① 杜石然、韩琦:《17、18 世纪法国耶稣会士对中国科学的贡献》,《科学对社会的影响》1993 年第 3 期。

② (清)纪昀总纂:《四库全书总目提要》(卷一百七),河北人民出版社 2000 年版,第 2739 页。

③ (清)爱新觉罗·玄烨:《庭训格言》,中州古籍出版社 2010 年版,第 120 页。

④ 丁福保,周云青编:《算学书目提要》,载《四部总录(天文编、算法编)》,广陵书社 2006 年版,第 74 页。

⑤ (清)清圣祖敕编:《数理精蕴》(上),商务印书馆 1936 年版,第 1 页。

"周末，畴人子弟，失官分散，嗣经秦火，中原之典章，既多缺佚，而海外之支流，反得真传，此西学所以有本也。"①

上编的另外两篇《几何原本》、《算法原本》皆是根据康熙帝学习算法时的教材编译而成。康熙帝也曾提及将《算法原本》、《算法纂要》、《同文算指》、《嘉量算指》、《几何原本》、《周易折中》、字典、西洋仪器等赠予《数理精蕴》的主要编纂者梅瑴成、陈厚耀。② 其中，《数理精蕴》中的《几何原本》来源于由巴蒂③所著《几何原本》，张诚、白晋曾使用满文编译版的巴蒂《几何原本》作为教材向康熙帝讲授几何学，后来此教材被译成汉文，收录到了《数理精蕴》中。④《数理精蕴》中的《算法原本》是根据满文教材版《算法原本》翻译、修订而成，原稿本较完整的介绍了整数论，实际上包含了欧几里得《几何原本》第七卷的全部内容，而《数理精蕴》中的《算法原本》删去了较为没有实用价值的部分数论内容，只保留了欧几里得算法等一些实用的方法。⑤

《数理精蕴》的下编是全书的主体部分，《算学书目提要》指出《数理精蕴》的研习方法——需要从下编开始阅读，原因是："盖上编，象也；下编，数也。著书之体例，固当先象后数；而学算之次序，则宜先数后象也。"⑥虽然《数理精蕴》中也有传统数学的内容，但其基本上被认为"是一部西方数学著作的编译作品"⑦，因为全书使用的是西方数学的编写体例，并且是以"欧

---

① （清）清圣祖敕编：《数理精蕴》（上），商务印书馆 1936 年版，第 8 页。

② （清）阮元等撰，冯立昇、邓亮、张俊峰校注：《畴人传合编校注》，中州古籍出版社 2012 年版，第 357 页。

③ 伊格纳斯·伽斯通·巴蒂（Ignace Gaston Pardies, 1636–1673），法国数学家、物理学家，耶稣会士。

④ 关于《数理精蕴》中《几何原本》的底本问题，李兆华、刘钝均有详细考证，参见李兆华：《关于〈数理精蕴〉的若干问题》，《内蒙古师大学报》（自然科学版）1983 年第 2 期。刘钝：《〈数理精蕴〉中〈几何原本〉的底本问题》，《中国科技史料》1991 年第 3 期。

⑤ 韩琦：《数理精蕴提要》，载郭书春主编：《中国科学技术典籍通汇（数学卷）》，河南教育出版社 1993 年版，第 4 页。

⑥ 丁福保、周云青编：《算学书目提要》，载《四部总录（天文编、算法编）》，广陵书社 2006 年版，第 76 页。

⑦ 韩琦：《数理精蕴提要》，载郭书春主编：《中国科学技术典籍通汇（数学卷）》，河南教育出版社 1993 年版，第 2 页。

洲数学方法重新阐述部分传统数学内容"。《数理精蕴》主要的内容来源是康熙帝自学西学以来组织人员翻译的西方算学书籍,除了上编收录的《几何原本》、《算法原本》,还有《算法纂要总纲》、《借根方算法节要》、《测量高远仪器用法》、《勾股相求之法》、《八线表根》、《比例规解》、《对数表》、《度数表》、《数表精详》等书。①

有学者认为,将《数理精蕴》的内容纳入当时世界数学的发展史来看,相比于正在蓬勃发展的变量数学,即便是《数理精蕴》当中较为前沿的内容——对数,也已经落后于英法等国近一个世纪。② 但也不能否认,《数理精蕴》出版后,对清代数学发展有很大推动作用。"乾嘉时期数学研究高潮的兴起,十九世纪清代数学家成就的取得,都与《数理精蕴》密切相关,它在中国数学史上占有十分重要的地位。"③

二、科技典籍的亲撰

康熙帝不仅组织编纂科学典籍,他本人也有科学方面的著述,其中最引人注目的是《康熙几暇格物编》。此书原为《康熙御制文》第四集的一部分,于清末被独立印制成书时,编者沿用《康熙御制文》卷首的标注"康熙几暇格物编"作为书名,这也形象地说明,此书是康熙帝在励精勤政的万几之暇"格物"的成果。《康熙几暇格物编》是一部笔记体著作,共有九十三篇,每篇均拟有注明内容的小标题,几乎全部与自然科学知识有关。虽然总篇幅不长,当中的许多论述以如今的科学眼光看来有许多舛误,然而在二百多年前,无疑还是十分先进且见解独到的。

《康熙几暇格物编》的内容涉及了康熙帝对很多自然科学问题的思考,

---

① 韩琦:《数理精蕴提要》,载郭书春主编:《中国科学技术典籍通汇(数学卷)》,河南教育出版社 1993 年版,第 3 页。

② 李兆华:《关于〈数理精蕴〉的若干问题》,《内蒙古师大学报》(自然科学版)1983 年第 2 期。

③ 韩琦:《数理精蕴提要》,载郭书春主编:《中国科学技术典籍通汇(数学卷)》,河南教育出版社 1993 年版,第 3 页。

主要包括：对地理、生物现象的记录，如白龙堆地形、木化石、地磁偏角现象；对具体科学实验的记载，如"雷声不能出百里"、记录潮汐、测验风候、熬水检验温泉成分；对诸多传统错误认知的纠正，如对《本草》药名的辨识；甚至还纠正西洋人的认识，如对风无正方现象的测验等。甚至到如今，许多学者在研究声学、农学、地理学等相关问题时，都会引用康熙帝对该问题的论述。可以说，《康熙几暇格物编》的科学史料价值不容低估。

除了《康熙几暇格物编》以外，康熙帝还有《量天尺论》、《三角形推算法论》等科学著述。这些著述同他组织科学典籍的编纂一样，在很大程度上展示了他对自然科学知识的掌握程度，足可以胜任"师"之角色。

第三节 训导科技人才

康熙帝塑造"道治合一"形象的基本步骤是：首先，通过努力学习，成为学术权威、知识权威；继而以"师"之角色训谕、指导儒者；最终将传统的"儒者为师，君为弟子"的关系扭转，自己既作君，又作师。在此过程中，康熙帝凭借其对西方科技的熟练掌握来训谕、指导儒者，所起到的慑服作用要远大于前文所述利用传统儒家经典来训导儒者。对此，莱布尼茨看得十分真切："或许在此之前整个中华帝国还没有人像他那样尝到西方科学的甜头，他的知识与远见便自然而然地远远超过其他汉人和鞑靼人，如同在埃及的金字塔上添上了一个欧洲尖顶。"[①]可以说，在对西方科技的掌握方面，康熙帝是绝对且独一无二的权威。他不但留心选拔、指点科技人才，还对钦天监官员等专业科技人才的工作进行补错纠误，极大程度地展示了他的"师"之形象。

一、留心人才、亲自指点

康熙帝一直十分重视对科技人才的发掘和培养，甚至破格提拔有科技

---

① ［德］G.G.莱布尼茨著，［德］李文潮、张西平主编；［法］梅谦立、杨保筠译：《中国近事——为了照亮我们这个时代的历史》，大象出版社 2005 年版，第 264 页。

才能的士子。清代历算、音韵学名家王兰生就是被康熙帝直接赐予举人和进士,参加会试和殿试的:"生员王兰生、梅毅成做人正道,所学亦好,赐予举人,一体会试";"六十年,(王兰生)试礼部不利,赐一体殿试,以二甲一名进士,改翰林院庶吉士,散馆授编修"。①

"杨光先历狱案"之后,康熙帝尤为重视天文历算方面的人才培养。康熙九年(1670年)曾谕礼部:"天文关系重大,必须选择得人,令其专心学习,方能通晓精微。可选取官学生与汉天文生一同学习,有精通者,俟钦天监员缺,考试补用。寻礼部议,于官学内,每旗选取十名,交钦天监分科学习,有精通者,俟满、汉博士缺出补用。"②此处说提及的"官学生"是指入八旗官学的学生,其中满族学生居多,剩余汉族、蒙古族学生各占一半。

因为康熙帝对西方科学的重视,使得钦天监的官学生不仅能系统的学习中国传统的天文历算知识,而且对西洋算法也要颇为精熟。为了避免钦天监人员因为对西洋新法存在偏见而逃避学习西学,康熙帝特别谕令钦天监:"尔衙门专司天文历法,任是职者必当学习精熟。向者新旧法是非争论,今既知新法为是,尔衙门学习天文历法满洲官员,务令加意精勤。此后习熟之人方准升用,其未经学习者不准升用。"③

值得一提的是著名蒙古族数学家、天文历象学家、曾任钦天监监正的明安图,即曾是入选钦天监的官学生,也是因此,他才在天文历算方面受到了专业的教育,并且因为成绩优异,可以有机会得到康熙帝的亲自指点。《清史稿》中有这样的记录:康熙五十一年(1712年)五月,康熙帝在避暑山庄时,曾命苏州府教授陈厚耀,钦天监五官正何君锡之子何国柱、何国宗,八旗官学生明安图,原任钦天监监副的成德等人一起陪同值侍,

---

① (清)阮元等撰,冯立昇、邓亮、张俊峰校注:《畴人传合编校注》,中州古籍出版社2012年版,第506页。
② 《圣祖仁皇帝实录》(一)(卷三十四),中华书局1985年版,第457—458页。
③ 《圣祖仁皇帝实录》(一)(卷六十二),中华书局1985年版,第804页。

并且"上亲临提命,许其问难如师弟子"①。罗士琳在《畴人传续篇》称明安图"受数学于圣祖仁皇帝,故其所学精奥异人"②。明安图的弟子陈标新在《割圆密率捷法》序言中称其师"自童年亲受数学于圣祖仁皇帝,至老不倦"③。

像许多同被康熙帝发掘且培养的其他历算人才一样,被康熙帝极为看好、大力培养的明安图也做出了许多成绩。他参与到《律历渊源》的编纂过程中,担任"考测"工作。④ 但是,明安图更为瞩目的成绩还是在雍正和乾隆年间为几部天文历算书籍的编纂所做的贡献。

由于作为《律历渊源》第一部分的《历象考成》使用的仍然是第谷天文体系,模型本身的陈旧使得《历象考成》在推算天象方面存在不小的误差,于是,雍正八年(1730年),钦天监奏请对《历象考成》加以修订:"推算时宪七政,觉有微差,盖考成按西方算书算定,而其法用之已久,是以日月行度,差之微茫,渐成分秒,若不修理,恐愈久愈差。"随后,传教士戴进贤作《日躔月离表》附在诸表之后,⑤然而此表因并无理论及其使用说明,故而难度较大,能读懂并且加以使用的人极少。明安图被认为是除了钦天监监副、传教士徐懋德之外,唯一能懂的人。"查此表的作者系监正加礼部侍郎衔西洋人戴进贤,能用此表者惟监副西洋人徐懋德,与食员外郎俸五官正明安图。此三人外,别无解者。"⑥明安图对天文历算、尤其是西洋历法的掌握程度,可见一斑。于是在乾隆二年(1737年)钦天监奉命编纂《历象考成后编》之

---

① (清)赵尔巽等:《清史稿》(卷四五),吉林人民出版社1995年版,第1101页。

② (清)阮元等撰,冯立昇、邓亮、张俊峰校注:《畴人传合编校注》,中州古籍出版社2012年版,第429页。

③ (清)明安图著,罗见今译注:《〈割圆密率捷法〉译注》,内蒙古教育出版社1998年版,第3页。

④ 据《御制律历渊源》奏议中记载的纂修编校诸臣职名当中,有承旨纂修、汇编、分校、考测、校算、校录等分类,其中考测部分录有"食员外郎俸钦天监五官正臣明安图"。

⑤ 据《御制历象考成后编》奏议中记载,《日躔月离表》共三十九页,推"日月交食,并交官过渡晦朔望、昼夜永短以及凌犯"。

⑥ (清)爱新觉罗·胤禄等:《御制历象考成后编》,上海古籍出版社1987年版。

时,明安图被安排为主要编纂人员之一。后世学者对《历象考成后编》的评价还是较高的,因为它相较于《历象考成》有了一定的进步,如补充了视差、蒙气差的理论,更新了天文数据,使用了地心体系的开普勒第一定律(椭圆运动定律)、第二定律(面积定律)等。虽然《历象考成后编》所使用的是地心体系而非日心体系,但由于只涉及交食问题,故而并没有影响天文测算。

从乾隆九年到十七年,明安图又第四次参加编书工作,即编修著名的《仪象考成》。明安图在编修这部书的八年中,担任的是繁杂的推算工作。[1]明安图参编的都是有清一代重要的科技著作,他对西方天文学、数学的熟练掌握与应用与康熙帝最初的发掘和培养是绝然不能分开的。

在康熙帝亲自指导的科技人才当中,数学家陈厚耀[2]是史料记载受康熙帝召见次数较多的。康熙四十五年(1706年)四月二十六日,康熙帝在畅春园接见了陈厚耀等新科进士,李光地以"精通郭太史历数,兼通算学"为名向康熙帝特别推荐陈厚耀。康熙帝对陈厚耀进行了初步的算法水平测试,内容主要有三角形的中长及其三角形的圆弧计算。[3] 在随后的多次召见中,康熙帝不但对其讲授算法,还赐其多部算书,全副西洋仪器。阮元《畴人传》及其焦循《召对记言》中,均有康熙四十八年(1709年)陈厚耀进京面圣过程的详细记录,其中所载的康熙帝与陈厚耀的"问对"环节,极有研究价值,特将其整理如下:[4]

---

① 史筠:《蒙古族科学家明安图》,《内蒙古大学学报》(人文社会科学版)1963年第1期。

② 陈厚耀(1648—1722),字泗源,号曙峰,泰州人,于康熙四十五年(1706年)考中进士,曾任翰林院编修、内阁中书、国子监司业等职,其主要著作有《算义探奥》、《春秋世族谱》、《春秋战国异辞》等。

③ 韩琦:《蒙养斋数学家陈厚耀的历算活动——基于〈陈氏家乘〉的新研究》,《自然科学史研究》2014年第3期。

④ 此表主要根据焦循所记《召对纪言》整理,因其对整个过程的记录更为详尽。参见韩琦:《蒙养斋数学家陈厚耀的历算活动——基于〈陈氏家乘〉的新研究》,《自然科学史研究》2014年第3期。

时间	（康熙帝）问	（陈厚耀）对答
康熙四十八年四月二十二日	所学何算？	臣幼读性理，研思历法，因未知算，故又学算法，渐通《九章》，复讲三角，其理本于割圆，用之测量，精微奥衍，妙义无穷，臣仅得其大略，未识其全义，复乞皇上指示，容臣再加学习。
	测量是用何法？	测量之法，由近可以测远，由卑可以测高，由浅可以测深。
	能用仪器否？	臣家无仪器，只用丈尺亦能测量，与仪器同是一理，仪器以圆测方，须用八线表，丈尺以方测方，直用三率法。
	能测每日日景长短否？	日景随各地北极高下方可测。
	汝知得西洋算法否？	臣也知得，只看得书少，亦未能精。
	能知笔算否？	笔算亦知，但算盘熟，笔算生。
康熙四十八年四月二十三日	汝能开几乘方？	开方诸法可开至三十余乘方，故人但取其生率之妙，然究无实用处，臣仅能开三乘方，若四乘方五乘方，以数繁易错不能开，但古人开平开立皆有图，而三乘方则无图，臣曾撰三乘方图，稍能发古人未备之意，然未知有当与否。
	能开立方圆否？是用何法？	古率用十六分之九，今率用二十一分之十一，似更精密。
	能以大桶水算入小桶多少否？	也算得。
	你是用径一围三否？	径一围三是古法，今用径七围二十二亦通。
	定位是何法？	有歌诀：乘法歌，每数下一位，便是法首数；除法歌，法首上一位，便是每数的平方，隔一位作点，立方隔二位作点，每点进一位，三乘方隔三位作点。
	知得梅文鼎否？曾与他会谈否？你的学问比他如何？	臣曾到他家请教过，他现在宣城县。他学问很好，臣却不及。
	朕定位一见便知，不用歌诀，梅文鼎算法也只晓得一半，朕教他许多妙法，他曾对你说么？	他并不曾对臣说，想因臣不能领略，故此不肯说，臣只见他所著的书。

续表

时间	（康熙帝）问	（陈厚耀）对答
康熙四十八年四月二十七日	令写一笔算式进呈。	以皇极经世十二会乘一万八百年绘一笔算以待。
	汝算法所看何书?	有四五部。
	曾看《算法统宗》否?	也曾看过。
	堆积丈量之法都知道否?	臣也知得。
	开方用归除用商除?	用归除,只首一位用商除。
	汝这法是如何定位?（指陈厚耀呈上的笔算）	臣此法不用铺地锦,即以盘算为笔算者,只看行末一个字便是定位。
	（御书笔算一纸给陈厚耀看）朕此法,如知道否?	（视之有似西法）皇上此法最妙,极为简便,臣法系臆撰,不可用。
康熙四十八年四月二十八日	你能测北极出地高下否?	若将仪器测日影长短,检表余切线在几度几分,并入象限九十度,以减半周天一百八十度,余为北极出地高度,此在春秋二分所测则然,若其余节气所测则又自有加减不同。
	你所说朕都知道,但此法不准,何也?	圣谕极是,臣闻昔人云地上有朦影十八度,以人目视之,有升卑为高、映小为大之患,故以浑仪测之多不合,但在天度数则不差。
	地周三百六十度,依周尺每度二百五十里,今尺二百里,地周几何?地径几何?（并出御前紫檀算盘一面,命细细算明回奏）	依周尺地周九万里,今尺七万二千里,以围三径一推之,地径二万四千里,以密率推之,当得地径二万二千九里一十八里有奇。
	地是圆是方? 出在何书?	是圆地。《尚书》蔡传璇玑玉衡注原说天包地外,地在天中,犹卵之裹黄,圆如弹丸,则地圆之说,宋儒已有之;至西人《职方外纪》又详细其说,想必有据。
	如何见得地圆?	据《职方外记》云,西人曾绕地走过一遭,四周皆生齿所居,故知其为圆,且东西测日影有时差,南北测极星有地差,皆与圆形相合,故益知其为圆。
	密说是何法?	此刘宋时祖冲之的算圆法也,不用径一围三,以三百五十五为圆周,一百一十三为圆径,最为精密,臣所算地周,即此法也,皇上自知之。

由《召对纪言》中的记录可见，康熙四十八年（1709 年）四月二十二日、二十三日、二十七日、二十八日，康熙帝与陈厚耀之间共进行了四场关于科学问题的对话，其中涉及了测量、仪器、笔算、开乘方、径一围三、定位法、堆积丈量法、北极出地高度、地圆说、密说等问题。

第一次对话围绕测量进行，引申到康熙帝十分关注的日影观测的问题。陈厚耀的回答"日景随各地北极高下方可测"，使得康熙帝大致了解到了陈厚耀对西洋算法有一定的认知。

次日的对话主要讨论的是开乘方、开立方圆、径一围三、定位法等问题。其中"径一围三"问题也是康熙帝一直十分关注的。康熙三十一年（1692年）正月初四，康熙帝曾召大学士九卿等至御前，对其讲解科学问题，其中，康熙帝指出，宋朝蔡元定所著《律吕新书》中算数用径一围三法并不准确，因为"盖径一尺，则围当三尺一寸四分一厘有奇，若积累至于百丈，所差至十四丈有奇，等而上之，其为舛错可胜言耶？"所以，"所言径一围三，但可算六角之数，若围圆必有奇零"。① 针对康熙帝是否用"径一围三"的提问，陈厚耀回答"径一围三是古法，今用径七围二十二亦通"，还是令康熙帝满意的，因为这表明陈厚耀也了解"径一围三"法测圆周并不准确，而替代使用祖冲之的算法。在二十八日的问对中，陈厚耀对祖冲之的测算圆周的方法再次做了解释，认为其"以三百五十五为圆周，一百一十三为圆径，最为精密"。

二十七日的对话涉及的主要问题有笔算、堆积丈量之法、开方法、定位法等。其中还提到了程大位所著《算法统宗》一书。陈厚耀在对答中曾提及"铺地锦"②一法，即出自《算法统宗》。在关于笔算的对谈中，康熙帝再次涉及了西洋算法，由陈厚耀的回答可知，他对西洋算法的了解较少，但对此法的简便甚为赞叹。康熙帝承诺陈厚耀教其西洋算法，也并未食言，在此

---

① （清）赵尔巽等：《清史稿》（卷九四），吉林人民出版社 1995 年版，第 1866 页。

② 明代数学家程大位在《算法统宗》一书中将意大利数学家帕乔利介绍的"格子乘法"称为"铺地锦"。此法与西洋笔算同时传入中国，即为两数相乘的计算方法。

后的多次召见中"问难反复",不但将西洋定位法、开方法、虚拟法等简便算法教给陈厚耀,还为其讲授天文学、乐律学、地理学等知识。①

二十八日的对话涉及的问题主要有北极出地高度的测量、地圆说,这些也都是康熙帝极为感兴趣的。康熙帝在《几暇格物编》中曾经对此问题有过研究:"自古论历法,未尝不善,总未言及地球。北极之高度所以万变而不得其著落。自西洋人至中国,方有此说,而合历根。可见朱子论地则比之卵黄,皆因格物穷理中得之,后人想不到至理也。"②"黑龙江以北地方,日落后亦不甚暗,个半时日即出,盖地之圆可知也。"③

在此次君臣问对中,康熙帝还特别提到了梅文鼎。早在康熙四十四年(1705年),康熙帝即在南巡返京途中召见了梅文鼎,连续三天,皆同其谈论算法,还手书"绩学参微"赐予梅文鼎,并发出感叹:"历象算法,朕最留心,此学今鲜知者,如文鼎,真仅见也!"④梅文鼎在诗文中也多次提及康熙帝对他的指导,例如,"圣神天纵绍唐虞,观天几暇明星烂。……枯朽余生何所知,聊从月令辨昏旦。幸邀顾问遵明训,疑义胸中兹释义"⑤。通过此次对谈,康熙帝得知陈厚耀曾向梅文鼎请教过算法,几年后,康熙帝召见梅毂成时对其讲道:"汝知陈厚耀否?他算法近日精进,向曾受教于汝祖,今汝祖若在,尚将就正于彼矣。"⑥

对梅文鼎和陈厚耀的评论,使得康熙帝对儒者的心态表露无遗:一方面,他留心人才,对在历算方面有特长的人才大加奖赏,悉心教导;另一方

① (清)阮元等撰,冯立昇、邓亮、张俊峰校注:《畴人传合编校注》,中州古籍出版社2012年版,第356—357页。
② (清)爱新觉罗·玄烨著,李迪译注:《康熙几暇格物编译注》,上海古籍出版社2007年版,第38页。
③ (清)爱新觉罗·玄烨著,李迪译注:《康熙几暇格物编译注》,上海古籍出版社2007年版,第21页。
④ (清)赵尔巽等:《清史稿》(卷五〇六),吉林人民出版社1995年版,第10543页。
⑤ (清)梅文鼎撰,张静河点校:《绩学堂诗文钞》,黄山书社2014年版,第325—326页。
⑥ (清)阮元等撰,冯立昇、邓亮、张俊峰校注:《畴人传合编校注》,中州古籍出版社2012年版,第356页。

面,他又十分在意"话语权力"的争夺,他以内行的身份对大臣科学素养的评判,甚至比其在"理学真伪"问题上对儒家名臣的训斥更有力度。当然,康熙帝此处想标榜的目的也十分显见:正是他对陈厚耀的教授,尤其是对其传授西洋算法,才使得陈厚耀的算法功力大为进步,已经可以超越被视为"国朝第一"的梅文鼎的算学了。毕竟他对陈厚耀的指导较之对梅文鼎要多得多。并且,康熙帝以"历算专家"身份做出的评判,显然有相当大的分量,焦循曾称:"曙峰以圣天子为师,故其所得精奥异人。方其引见时,谆谆不倦,何其遇之隆也。世之谈算法者,动推梅氏,敬观圣祖谕梅毂成语,千秋定论,可不朽矣。"①不过,遗憾的是,相较于梅文鼎的盛名,陈厚耀的历算成就似乎一直未得到足够彰显,并且,作为《数理精蕴》的主编参编者,陈厚耀在其中的重要作用也一直被忽视。②

　　康熙帝悉心培养的科技人才,也包括有此方面天分的皇子。可以说,他将自己对文化方面的诉求延续到了教育子嗣方面,不但要求他们学习四书五经等儒家经典,还极为注重对其科学素养的培养。除了亲自为皇子们讲授科学知识,带领他们观测天象、参与地理测量,康熙帝还聘请张诚、安多等传教士为皇子们讲授天文、历算、律吕等科目。在众多皇子中,皇三子胤祉的科技能力最为突出,早在其年幼时,康熙帝就"从他身上看到极其适合于研究这门科学的天赋"③,遂对其大力培养。在康熙帝组织的编纂科技典籍、进行全国地理大测量等重要科技活动中,胤祉都在其中起到了重要的作用。

---

　　① (清)阮元等撰,冯立昇、邓亮、张俊峰校注:《畴人传合编校注》,中州古籍出版社2012年版,第358页。
　　② 韩琦认为,一般的史书都将梅毂成视为《数理精蕴》的主要编纂者,究其原因,可能是因为陈厚耀虽然参与纂修,却没有参加最后的定稿工作,所以其工作也没有得到彰显。参见韩琦:在《蒙养斋数学家陈厚耀的历算活动——基于〈陈氏家乘〉的新研究》,《自然科学史研究》2014年第3期。
　　③ [德]G.G.莱布尼茨:《中国近事——为了照亮我们这个时代的历史》,[德]李文潮、张西平主编;[法]梅谦立、杨保筠译,大象出版社2005年版,第80页。

二、补错纠误、公开训导

《康熙几暇格物编》中有一篇名为"老人星",记载康熙帝阅读《辽史·穆宗纪》时,发现其中记录的"应历十二年春二月萧思温奏:老人星见,乞行赦宥"一事有误。他通过分析星象位置,认为:"辽都临潢府,地处最东北,安有老人星见之理乎?"①关于老人星"见或不见"问题,康熙帝亦在公开场合教育过大臣。康熙二十八年(1689 年),康熙帝南巡至南京,曾登临观星台,召部院诸臣问对天文历法。"上又披小星图,案方位,指南方近地大星,谕诸臣曰:'此老人星也。'光地奏曰:'据史传谓,老人星见,天下仁寿之征。'上曰:'以北极度推之,江宁合见是星。此岂有隐现耶?'"②他在得知汉臣中无有知晓天文者,便通过与大学士李光地问对的方式,展示自己的天文历法学识。

在康熙帝对大臣的公开教育方面,康熙三十一年(1692 年)乾清门听政事件颇为著名。康熙帝将大学士九卿等召至御前,对其讲解了许多问题,包括律吕、算数、天文历法等,其中最精彩的是日影的观测实验。"又命取测日晷表,以御笔画示,曰:'此正午日影所至之处'。遂置乾清门正中,令诸臣候视。至午正,日影与御笔画处恰合,毫发不爽。"③可见,通过实验证明,康熙帝的测算和实际情况完全一致。随后,从诸臣的"不胜欢庆之至"也可看出,康熙帝此次"知识权威"形象的塑造亦十分成功。

在康熙帝涉猎的诸多西方科学学科中,天文历算是其用功最深、最为熟稔的,他常对此领域的具体问题进行纠错。

康熙四十三年冬月初一(1704 年 11 月 27 日)发生日食,钦天监上报的观测结果为:"午正三刻十一分南稍偏西初亏,未正一封食甚,申初一刻七

---

① (清)爱新觉罗·玄烨著,李迪译注:《康熙几暇格物编译注》,上海古籍出版社 2007年版,第 90 页。

② 中国历史第一档案馆整理:《康熙起居注》(第 3 册),中华书局 1984 年版,1842 页。

③ 《圣祖仁皇帝实录》(一)(卷一五四),中华书局 1985 年版,第 699 页。

分西南复圆。"然而,这同康熙帝用仪器测验的结果并不吻合,且还有较大差距。"朕用仪器测验,午正一刻十一分初亏,未初三刻二分食甚,申初一刻复圆。"于是,康熙帝谕令钦天监:"查七政历未初三刻二分日月合朔,新法推算必无舛错之理。这舛错或因误写字画,或是算者忽略,将零数去之太多,亦未可定,著详察明白具奏。"随后检验证明,康熙帝的观测是正确的,时任钦天监监正的常额等人"以推算未尽请罪,上从宽免之"①。虽然康熙帝认为"新法推算必无舛错之理",但并不代表他迷信西方科学,对于西法可能出现的检测失误,他也是随着科学素养的逐渐提高而公允看待的(当然,这当中也与他对西学态度的转变有关)。他认为"西法大端不误,但分刻度数之间,积久不能无差"。康熙五十年(1711年)测算夏至时刻,钦天监报奏的是"午正三刻",而康熙帝通过观测日影,测算的是"午初三刻九分"。他认为,"此时稍有舛错,恐数十年后,所差愈多。犹之钱粮,微尘秒忽,虽属无几,而总计之,便积少成多。此事实有证验,非比书生作文,可以虚词塞责也。"②

通过对具体科学问题的纠错,康熙帝用西方科学的理念纠正了天文历算人员固有的天学认知,例如,他对"地球说"就有多次论及。康熙四十九年(1710年)三月初四,钦天监在奏报全国各地月食情况的时候,称"云南、四川两省月不食",康熙当即指出其问题:"因地之体圆,月之所食被其所掩,而人不见。若以不见之故,而即书'不食',则人不知之矣。此所奏糊涂,本发还"③他在《几暇格物编》中提及"自古论历法,未尝不善,总未言及地球",认为北极高度之所以测不准,也是因此造成。"自西洋人至中国,方有此说,而合历根",再次肯定了西方科学关于"地球说"的论述。④ 他对地球说的论述,在当时亦是十分先进的。

---

① 崔张华、张书才:《清代天文档案史料汇编》,大象出版社1997年版,第135页。
② 《圣祖仁皇帝实录》(三)(卷二四八),中华书局1985年版,第456页。
③ 《圣祖仁皇帝实录》(三)(卷二四一),中华书局1985年版,第400页。
④ (清)爱新觉罗·玄烨著,李迪译注:《康熙几暇格物编译注》,上海古籍出版社2007年版,第38页。

第五章 "西学中源":西方科技与康熙帝圣王形象塑造的逻辑完成

结合西方科学在康熙帝一生中扮演的角色可见,"纳西入中"——将西学纳入中国儒家的道统,乃是康熙帝用西方科学辅助其"道治合一"圣王形象构建的最后环节和必然指归。其最终的、最典型的体现,就是康熙帝大力倡导"西学中源"说。"西学中源"说是在近代中西文化交流史上产生过重要影响的思潮,它肇端于明末清初,盛行于清代中期,直至清末依然颇为流行。然而,无论多少学者在"西学中源"说的产生、发展、盛行的过程中给予了多少不同种类的诠释与运用,康熙帝的大力提倡始终是该理论在有清一代产生深远影响的关键因素。"西学中源"说正是由此被打上"钦定"的标签,成为经过官方权威认定的学术思想。

第一节 明末清初"西学中源"说的发展脉络

一、来华传教士对中学的附会

作为天主教首批来华的传教士,利玛窦开创了自上而下的"学术传教"之先河,因为他自踏上中国土地之初,便敏锐地觉察到了"通过科举考试而进入国家统治机构的士大夫是最受尊敬的阶层"[1],利玛窦也迅速明了了中

---

① 孙尚扬:《明末天主教与儒学的互动:一种思想史的视角》,宗教文化出版社 2013 年版,第 4 页。

国社会思想、信仰的主流是儒家文化。清楚了这一点,利玛窦的行动便十分明确且有针对性,他坚定地与佛教划清界限,脱掉僧服,换上儒服,试图接近上层儒者,期待通过获得上层儒者的支持(当然更期待最终获得帝王的支持),自上而下地实现中国全民的"福音化"。

当然,这种努力亦是十分艰难的,因为中国上层儒者不仅仅是权力的代表,更是文化的代表,利玛窦想要获得权力阶层的支持,首先需要在文化层面获得儒家士大夫们的理解。这种文化层面的认可,远不是穿儒服、说汉话就能够达到的,于是,利玛窦开始了天主教教义同儒家文化的调和与附会。

在利玛窦所著《天主实义》中,这种附会的说辞随处可见。首先,在《天主实义引》中,利玛窦发出了这样的探问:"邦国有主,天地独无主乎? 国统于一,天地有二主乎?"①这实际上是确立了上帝作为天地之主宰的"唯一性"。随后,他反复地论证了这种"唯一性",如"天下万物,极多极盛,苟无一尊,维持调护,不免散坏……";"乾坤之内,虽有鬼神多品,独有一天主,始制作天地人物"。② 继而,利玛窦驳斥了对天地之主宰的一些误解,表明天主既不是佛教当中所言说的"空"与"虚无",亦不是宋明理学所指的"理"与"太极",最终得出结论称:"吾天主,乃古经书所称'上帝'也。"③他还援引《易经》、《中庸》、《诗经》等上古典籍中涉及"帝"、"上帝"的词句来证明:"历观古书,而知上帝与天主,特异以名也。"④这就从根本上找寻到了天主教和儒家文化的一致性。

利玛窦解释天主教的一些关键教义,如论证"天堂"、"地狱"的存在,以及对"灵魂"、"鬼神"的性质进行描述时,都直接引证儒家经典古籍的记载。如,利玛窦引证《诗经》当中的"文王在上,於昭于天","文王陟降,在帝左

---

① [意]利玛窦著,[法]梅谦立注:《天主实义今注》,商务印书馆2014年版,第75页。
② [意]利玛窦著,[法]梅谦立注:《天主实义今注》,商务印书馆2014年版,第86—87页。
③ [意]利玛窦著,[法]梅谦立注:《天主实义今注》,商务印书馆2014年版,第100页。
④ [意]利玛窦著,[法]梅谦立注:《天主实义今注》,商务印书馆2014年版,第101页。

右",认为文王驾崩之后,能够在天陟降保佑国家兴盛,则可以证明人死后灵魂是不消散的。① 而鬼神、灵魂又是以什么形态存在的呢? 利玛窦认为鬼神既非气、也非物,他引证《中庸》当中唯一谈到"鬼神"问题的一节:"子曰:'鬼神之为德,其盛矣乎! 视之而弗见,听之而弗闻,体物而不可遗。'"认为孔子所说鬼神之功德伟大,体现于物之中,然而并不是说鬼神是物②。

在论述天主教劝善阻恶的惩戒方式时,利玛窦更是大量引用中国古代典籍,例如《尚书》中的《舜典》、《皋陶谟》、《益稷》、《泰誓》、《康诰》等篇目,利玛窦认为当中涉及的典狱刑罚问题的言说,足以证明中国上古时期的圣人都以利害来赏善罚恶。③

利玛窦等人的附儒、合儒策略,当然是为了最终实现对儒学的批判,从而达到补儒、超儒的目的;然而从另一个角度来看,此一权宜之策也为随后儒家士大夫用附会的方式调和中西文化打下了"基础",提供了"方向"。既然中西文化已经有了经过大量、细致证明的同一性,那么,作为一个伴随着交流的深入而不可避免的结果,无论是主张"西学中源"还是主张"中学西源",这种调和策略都会对其起到推波助澜的作用。

二、奉教士人的中西会通思想

利玛窦所采用的"学术传教"的路线,可以分为两个侧重点:其一是宣扬天主教义,兼用上文所提及的附会儒学的方式获取儒士的认同;其二就是用西方科技引发士大夫们的兴趣,从而对其宗教产生好感。后者也是西方科技借以入传中国的重要途径。伴随着天主教而传入中国的西方科技门类众多,有天文学、数学、地理学、物理学等。

从晚明社会的发展状况来看,西方科技的传入可谓正当其时。明末内

① [意]利玛窦著,[法]梅谦立注:《天主实义今注》,商务印书馆 2014 年版,第 120 页。
② [意]利玛窦著,[法]梅谦立注:《天主实义今注》,商务印书馆 2014 年版,第 125 页。
③ [意]利玛窦著,[法]梅谦立注:《天主实义今注》,商务印书馆 2014 年版,第 164—165 页。

忧外患的境况，使得一些士大夫开始反对浮夸清谈的学风，转而探求经世致用之学，他们开始关注涉及国计民生的事业。如徐光启认为，"方今事势，实须真才。真才必须实学。一切用世之事，深宜究心"。① 所以，应当摒弃无用空泛之学，潜心研习天文、数学、兵法、水利、盐业等可以富国、强兵、利民的实用之学。

在此情形下，由传教士带来的西方科技便引发了明末士大夫极大的兴趣。徐光启等人不仅认为天主教可以"补益王化，左右儒术，救正佛法"，随后皈依天主教；他们还对西方科技推崇备至，有一系列对中西文化会通、相合的阐释。所以，虽然徐光启、李之藻、杨廷筠等奉教士人未曾直接表达过"西学来自于中学"的观点，但其会通中西的思想无疑是向"西学中源"说的提出迈近了一步。

奉教士人基本延续同利玛窦一样的思路来论证"上帝"与"天主"的同一性，即从经典古籍当中找寻耶儒相合的证据。"西学以万物本乎天，天惟一主，主惟一尊。此理至正至明，与古经典一一吻合。"②但是，相较之于利玛窦等人，奉教士人对中西会通的阐释更加深入、明了。这种阐发深入的原因有二：其一自然是因为明末奉教士人皆为儒学大家，对古籍经典熟识程度较之传教士深刻得多；其二是源于奉教士人与传教士并不相同的会通初衷。二者虽皆有将天主教发扬光大之使命，但从根本上说，利玛窦等人最终期望达成的是绝对的"超儒"目的，用天主教来代替儒学；而徐光启等人虽信奉天主教，但根本上还是儒者，其更想达到的目的是用天主教来"补儒"、"益儒"。即便是奉教士人认同天主教有"超儒"的成分，其最终目的也并非试图用天主教替代儒家，而只是一种补益和辅助，"可与吾儒相辅而行"③。

---

① （明）徐光启：《徐光启集》（上），上海古籍出版社 1984 年版，第 473 页。
② （明）杨廷筠：《代疑续编》，载郑安德编：《明末清初耶稣会思想文献汇编》（第三卷），北京大学宗教研究所 2003 年版，第 239 页。
③ （明）杨廷筠：《代疑续编》，载郑安德编：《明末清初耶稣会思想文献汇编》（第三卷），北京大学宗教研究所 2003 年版，第 239 页。

基于此,奉教士人对待西学的态度,更多的是"理失而求之野"①,认为对西学的学习如同"孔子问官于郯子"一样,属于古学失传之后的探寻和求证。如徐光启认为,西学于"古学废绝二千年后",可以"补缀唐虞三代之阙典遗义,其裨益当世,定复不小";②李之藻认为,"东海、西海心同理同,所不同者特语言文字之际",西学"往往不类近儒,而与上古《素问》、《周髀》、《考工》、漆园诸编默相勘印"。③ 杨廷筠在《刻西学凡序》中的一番话,或可以作为其会通中西文化的初衷:"吾终不谓如许奇秘,浮九万里溟渤而来,而无百灵为之呵护,使终湮灭,独窃悲诸诵法孔子而问礼、问官者之鲜,失其所自有之天学,而以为利氏西来之学也。"④

三、遗民学者对"西学中源"说的初步阐述

有学者将"西学中源"说的首倡者确定为明末清初的遗民学者群体。⑤这应该是较为准确的说法,方以智、黄宗羲、王锡阐等遗民学者在对西学的研究过程中,均涉及中学、西学的源流问题。

方以智为游艺《天经或问》所作的序言当中的一段话,一直被当做其提倡"西学中源"说的证据:"万历之时,中土化恰,太西儒来。眫豆合图,其理顿显。胶常见者,骇以为异,不知其皆圣人之所已言也。……子曰:'天子失官,学在四夷,犹信'"⑥这显然比徐光启等人的"理失而求之野"更进了一步。在论及西洋数学的来源时,黄宗羲称,"句股之学,其精为容圆、测圆、割圆,皆周公、商高之遗术,六艺之一也",随后如珍珠遗失于深渊一般,被西洋人获得,于是"西洋改容圆为矩度,测圆为八线,割圆为三角,吾中土

---

① (明)徐光启:《徐光启集》(下),上海古籍出版社 1984 年版,第 374 页。
② (明)徐光启:《徐光启集》(上),上海古籍出版社 1984 年版,第 75 页。
③ 徐宗泽:《明清间耶稣会士译著提要》,上海书店出版社 2010 年版,第 110 页。
④ 徐宗泽:《明清间耶稣会士译著提要》,上海书店出版社 2010 年版,第 222 页。
⑤ 参见徐海松:《清初士人与西学》,东方出版社 2001 年版,第 371 页。
⑥ (明)方以智著,张永义校注:《浮山文集》,华夏出版社 2017 年版,第 389—390 页。

人让之为独绝,辟之为违天,皆不知二五之为十者也"①。全祖望将其师黄宗羲的观点概括为"中学西窃"说。在王锡阐对中学进行辩护、对西学进行质疑的诸多文章中,亦可见此类论说,如:"七政异天之说,古必有之。近代既亡其书,西说遂为创论。余审日月之视差,察五星之顺逆,见其实然,益知西说原本中学,非臆撰也。"②

遗民学者群体对中西学源流的阐述,被认为是一个特殊时期的特殊心理状态。在中西方文化遭遇和碰撞之时,在无法否认西方科学优胜的前提下,"天子失官、学在四夷"、"中学西窃"等理论无疑为"以夷变夏"的尴尬做了一个合理的心理缓释。

第二节 纳西入中——康熙帝"道治合一" 形象塑造的必然选择

虽然"西学中源"思想经由清初遗民学者做过一系列的阐发和论证,然而,其在有清一代产生如此重大深远的影响,与康熙帝的大力倡导是分不开的。

康熙帝最初提出"西学中源"说是在康熙四十二年(1703 年)所著《御制三角形推算法论》一文中。③ 他认为,上古时期"人心尚实,有学必精",古学中已有历法推算之根本——三角八线表;只是随后"习俗就易畏繁,以功名仕宦为重,敬天授时为轻,故置而不问论",于是,本源自中国的历法"传及于极西,西人守之不失,测量不已,岁岁增修,所以得其差分之疏密,

---

① (明)黄宗羲:《黄宗羲全集》(第十册),浙江古籍出版社 2012 年版,第 37 页。

② (清)阮元等撰,冯立昇、邓亮、张俊峰校注:《畴人传合编校注》,中州古籍出版社 2012 年版,第 310 页。

③ 对于《御制三角形推算法论》的写作时间,学界多认为是康熙四十三年(1704 年),经韩琦考证,该文完成于康熙四十二年(1703 年),本书采用此说法。参见韩琦:《康熙帝之治术与"西学中源"说新论——〈御制三角形推算法论〉的成书及其背景》,《自然科学史研究》2016 年第 1 期。

非有他术也"。①

康熙五十年(1711年),康熙帝在与直隶巡抚赵宏燮讨论数学时指出:"算法之理,皆出于《易经》。即西洋算法亦善,原系中国算法,被称为'阿尔朱巴尔'。'阿尔朱巴尔'者,传自东方之谓也。"②随后,在给梅毂成等人讲授算法时又再次强调:西洋人亦将代数学称为"东来法"。

被后世视为"数学百科全书"的《御制数理精蕴》依旧沿循着这个理路,对"西学中源"说加以阐发:

> 我朝定鼎以来,远人慕化,至者渐多,有汤若望、南怀仁、安多、闵明我,相继治理历法,间明数学,而度数之理渐加详备。然询其所自,皆云:本中土所流传。粤稽古圣,尧之钦明,舜之睿哲,历象授时,闰余定岁,璇玑玉衡,以齐七政,推步之学,孰大于是? 至于三代盛时,声教四讫,重译向风,则书籍流传于海外者殆不一矣。周末畴人子弟失官分散,肆经秦火,中原之典章既多缺佚,而海外之支流反得真传,此西学之所以有本也。③

鉴于康熙帝钻研天文历法数十载,其算学水平有目共睹,因此,他对西算源头的考察,再加上西方传教士的认同,就很难不令人信服。

学界过往对此问题的研究,多从康熙帝与梅文鼎的互动史实入手,认为康熙帝对"西学中源"说的倡导是受梅文鼎等人的影响。另外,"礼仪之争"的发生,以及西洋历书因年久出现了误差,均导致康熙帝对传教士与西方科学失去了信任,从而更是大力倡导"西学中源"理论。无可否认,以上研究结论的确是康熙帝提出"西学中源"说的背景,康熙帝在倡导"西学中源"说的过程中也的确受到了梅文鼎等人的影响;然而,结合西方科学在康熙帝一

---

① (清)爱新觉罗·玄烨:《康熙帝御制文集》,台湾学生书局1966年版,第1625页。
② (清)蒋良骐:《东华录》,齐鲁书社2005年版,第322页。
③ (清)清圣祖敕编:《数理精蕴》(上),商务印书馆1936年版,第8页。

生中扮演的角色可见,将西学纳入道统("纳西入中")乃是康熙帝用西方科学辅助其"道治合一"圣王形象构建的最后环节和必然指归。否则,他对西学、西方科技的推崇,就会与他在"治统"上的中国皇帝角色和"道统"上的儒家代言人的角色发生严重的、不可调和的价值冲突,他也就无法摆脱前述杨光先所指责的名教罪人的罪责之感。毕竟,昔年杨光先对康熙帝的质问还是相当犀利的:"臣监之历法,乃尧舜相传之法也;皇上所正之位,乃尧舜相传之位也;皇上所承之统,乃尧舜相传之统也;皇上颁行之历,应用尧舜之历。皇上事事皆法尧舜,岂独于历有不然哉？今南怀仁,天主教之人也,焉有法尧舜之圣君,而法天主教之法也？南怀仁欲毁尧舜相传之仪器,以改西洋之仪器……使尧舜之仪器可毁,则尧舜以来之诗书礼乐、文章制度,皆可毁矣!"①

通过对明末清初"西学中源"说的发展脉络的梳理可见,相近观点的背后往往包含不同的立场。学界亦早有人关注到:"矢忠故国的明遗民和清朝君臣在政治态度上是完全对立的,但这两类人不约而同地提倡'西学中源'说,这是一个值得注意的现象。"②无论对西方科学研究的水准如何,无论对中、西学的具体态度如何,方以智、黄宗羲、王锡阐等遗民学者提出"西学中源"说的一个共同的立场即"夷夏之防";并且,明清易代使得这种对于西洋人而言的"夷夏之防"又加入了对满洲异族入侵的拒斥成分。由此,"西学中源"被说成了一种阐发民族大义的态度,明末清初遗民学者以文化上的最高姿态睥睨一切文化上的"弱等民族"。

异族出身的康熙帝,本也是"蛮夷"身份,却代替了儒家士大夫而一跃成为"道统"的执掌者,这有赖于他一直以来为构建"道治合一"形象所做的诸多努力。当他不仅是"治统"的代表、更是"道统"的代言人时,将西学纳入道统("纳西入中")自然就是水到渠成的事情了。这就是他同明末清初

---

① (清)黄伯禄编:《正教奉褒》,载韩琦、吴旻校注:《〈熙朝崇正集〉〈熙朝定案〉(外三种)》,中华书局 2006 年版,第 305 页。

② 江晓原:《试论清代"西学中源"说》,《自然科学史研究》1988 年第 2 期。

遗民群体虽身份和立场不同、却同样提出"西学中源"说的真正原因。在此意义上甚至可以说，无论"礼仪之争"是否发生，无论康熙帝同西方传教士的关系如何变化，"西学中源"说的提出都是一种必然。

另外，"西学中源"说在康熙帝"道治合一"形象构建中所起的作用也是不言而喻的。对此，梅文鼎曾有过感慨："伏读圣制《三角形论》，谓古人历法流传西土，彼土之人习而加精焉尔，天语煌煌，可息诸家聚讼。"①可以说，自西方科学传入中国之始，"诸家聚讼"便纷纭呈现。其中，清初历法之争便是最为严重的一次，甚至引发了一系列的流血斗争。作为此事件的亲历者、裁决者，康熙帝虽然以科学为准则，判定西洋历法获胜，但必不能忽略杨光先等士人对西人、西教、西学的仇视。毕竟，"但患人之不华，华之为夷，不患历之不修，修之无人"；"人其人，火其书，庐其居"等激愤的呼声自始至终就没有停止过。虽然天主教与西方科学并不能混为一谈，但二者在东传的过程中却从未分离，所以，西方科学从来就不是单独存在的。对这一点，康熙帝自始至终都十分清醒，这从其一生中对传教士及天主教的不同态度即可清晰看出。因为西方科学在其政治生涯中扮演了重要角色，所以康熙帝将"诸家聚讼"暂时搁置，对西方科学大加推崇、利用；但是，随着康熙帝"道治合一"形象构建的逐步成熟，西方科学的安放问题便无法再回避了。"西洋之学，左道之学也。其所著之书，所行之事，靡不悖理叛道。"②依此类指责，康熙帝对西方科学的学习、利用便是"悖理叛道"的行为，这对其"道统"形象是一种根本性的动摇。在这样的前提之下，"礼仪之争"的发生和西洋历法出现误差就成了催化剂，前者使得科学与宗教捆绑式传播的矛盾再次显现，后者质疑了西方科学最大的优点——"准确性"。

综上所述，康熙帝由"纳西入中"而提出"西学中源"说，这不仅是必然，而且成为必要的选择，它可将延续数年的纷争和矛盾全然化解，使得康熙帝

---

① （清）梅文鼎撰，张静河点校：《绩学堂诗文钞》，黄山书社 2014 年版，第 329 页。

② （清）杨光先等撰，陈占山校注：《不得已（附二种）》，黄山书社 2000 年版，第 38 页。

数十年学西学、用西学的行为名正言顺。在此意义上，可以说"西学中源"说是康熙帝用西方科学辅助其"道治合一"形象构建的合乎逻辑的最后环节。

第三节　康熙帝对"西学中源"说的大力倡导

一、"西学中源"说倡导过程中的君臣互动

在康熙帝大力倡导"西学中源"说的过程中，李光地与梅文鼎二人起到了重要作用。尤其是梅文鼎，他在《历学疑问补》一书中对西学的源头以及中学传入西方的原由和途径等进行了详细论证，使得"西学中源"得以成为一个完备的理论。在朝士人李光地与在野士人梅文鼎均为造诣深厚的历算名家，在一定程度上，二人之观点可视为清初学界的权威主流，因此，他们与康熙帝的学术互动，对"西学中源"说的传播起到了重要推动作用。

（一）康熙帝对李光地的学术指导

清季士人黄家鼎曾为《榕村语录续集》作序，称李光地"理纯学正，最与圣心相契合"①。康熙帝本人也曾这样评价李光地："李光地谨慎清勤，始终一节，学问渊博。朕知之最真，知朕亦无过光地者。"②康熙帝所言李光地学问渊博，与其互为知己，实非言过其实。综观李光地一生的学术追求，可以发现他始终保持着与康熙帝的一致性。李光地是康熙朝的理学名臣，对朱子之学尤为推崇，他奉康熙帝之命主持编纂《朱子全书》、《周易折中》、《性理精义》等理学名著，君臣二人学术互动甚为密切。李光地之所以被认为是康熙朝秉持"正学"的中流砥柱，也是因为他对康熙帝的学术旨趣体察甚微，康熙帝指明了"学术方向"，李光地加以大力宣扬、悉心实践。这种君臣

① （清）李光地著，陈祖武点校：《榕村语录·榕村续语录》，中华书局 1995 年版，第6 页。

② （清）赵尔巽：《清史稿》（卷二六二），吉林人民出版社 1995 年版，第 7821 页。

配合,不仅体现在对理学的弘扬方面,在对西学的探求方面也清晰可见。

李光地对历算学的兴趣无疑是受了康熙帝很大的影响,后人称其学算是为了迎合康熙帝的趣味,也并不为过。李光地作为康熙帝近臣,十分清楚康熙帝对于西学的学习和利用已经远远超过了一般性诉求。康熙二十六年(1687 年),康熙帝于乾清宫召见李光地,与其讨论学术,其内容涉及了蓍筮、卦爻、历算、音辞、乐律等诸多方面,其中特别提到了西洋历法、乐律问题:

> (康熙帝)又问:"历法、日月交蚀、五星留逆凌犯,古人推得多错,其原安在?"奏曰:"历法不能不差,古来诸家惟较法之疏密,差之迟速耳,即今历极精,然稍久亦当必差,所以要随时修正。"
>
> 上曰:"古人七政各为度数,所以难于推算。今西洋人打几个团圈,大底三百六十,小底亦是三百六十,就能推算盈缩,这是他一点好处。"
>
> 上又问:"西洋历法果好么?"奏曰:"其法现行甚精密,臣所取者其言理几处,明白晓畅,自汉以来历家所未发者。看来西洋人学甚荒唐,而谭历却精实切当,此乃本朝历数在躬,受命之符也。皇上戡平祸乱,功德巍巍,臣不敢赞,即制度文为有两事,足跨前古。"
>
> 上问:"何事?"奏曰:"历法其一也,又满州十二字头尽合古韵,得天地之元声,亦从来所未及。"
>
> 上曰:"西洋亦讲乐律,汝曾见否?"奏曰:"闻其能作声乐,但未见其书,亦不会接渠辈讲论。"①

其时各方战乱已经平定,康熙帝在传教士的指导下,天文历算之学日益

---

① (清)李清馥:《榕村谱录合考》(上),载吴洪泽、尹波、舒大刚主编:《儒藏·史部·儒林年谱》(三十三),四川大学出版社 2007 年版,第 87—89 页。

精进。在康熙帝与李光地的对谈中，可见李光地对传统历算学有一定程度的掌握，①但对西洋新法的了解却并不深入，给予康熙帝的回答也都是泛泛而谈。如康熙帝问其传统历法推算的差谬在何处，李光地却只回答无论新旧历法，都有差谬，却不能说出传统历法不准确的缘由。对此问题，康熙帝曾在《讲筵绪论》中解释过："古法推算冬至及日月交食，多用积数，因数多奇零，盈缩虚实之难明，不能合于天；新法多用余数及濛气差之类，又验之于测景，故较之古法，仅能与天象相合。"②但是，李光地还是准确地把握住了康熙帝的喜好，对康熙帝平定历法争端、使用西洋新法一事，大加赞扬，认同了西洋新法的精妙准确。

当然，李光地对天文历算之学产生兴趣，并且发奋研习，并不仅仅因为康熙帝爱好西学，更因康熙帝屡屡用西学知识训导大臣。上文已经指出，康熙帝在塑造道统之"师"形象时，西方科技发挥了重要作用，其中非常重要的一点，即是康熙帝利用自己掌握的西方科技知识训导大臣。李光地本人即曾在康熙二十八年（1689年）因不懂天文学遭到过康熙帝的训斥：

> 上指参星问云："这是甚么星？"答以："参星。"
>
> 上云："汝说不认得，如何又认得参星？"奏云："经星能有几个？人人都晓得。至于天上星极多，别底实在不认得。"
>
> 上又曰："那是老人星。"予说："据书本上说，老人星见，天下太平。"
>
> 上云："甚么相干，都是胡说！老人星在南，北京自然看不见，到这里自然看得见。若再到你们闽、广，连南极星也看见。老人星那一日不在天上，如何说见则太平？"③

---

① 在此次对谈中，康熙帝还询问了李光地关于钦天监天文生刘一葵的学问素养问题，其中谈及皇极经世、太乙数等问题，李光地较为熟稔。

② （清）爱新觉罗·玄烨：《康熙帝御制文集》，台湾学生书局1966年版，第380页。

③ （清）李光地著，陈祖武点校：《榕村语录·榕村续语录》，中华书局1995年版，第742页。

并且,在此次交谈中,康熙帝还谈及西洋新法纠正传统历法当中觜、参二星宿位置的错误问题,称经过仪器观验,"足知今历不谬"①。在康熙帝如此推崇西方科学的情形下,当康熙帝问及"恒星天"的问题时,李光地虽然对此知道得并不确切,却依然回答"似洋人说得是些"。

实际上,李光地对传统天文历算很早便有研究,他二十四岁时便著有《历象要义》一书,只是此后他并未将此作为其学术的主要发展方向,加之对西学所知甚少,才在康熙帝面前屡屡露怯。

经历过康熙帝的影响与训导,李光地重新对天文历算尤其是西洋新法开始奋发研习,并编纂、撰写《星历考原》《历象本要》等历学著作。李光地著作当中,有多处中西天文历法相合的考证,并且认为"西人历算,比中国自觉细密,但不知天人相通之理"②。李光地在历算方面产生重要突破的原因是他拜梅文鼎为师,与其共同切磋算学,梅文鼎对其学术观点的形成和学术水平的进步,尤其是中西历算比较研究方面的理论建构产生了较大影响。

李光地对梅文鼎的算学思想极为赞叹,多次称梅文鼎的算学与顾炎武的音韵学一样,"皆穷极精奥,又确当不易",是"从古未有之书"。③ 对于梅文鼎著作当中的"西学中源"的思想,李光地也极为推崇,认为前人对于《周髀算经》的价值,未曾真正发现,"至梅定九,始大加发明,遂至统括中西之学,为历学不祧之祖,其功甚大"④。当然,梅文鼎也正因李光地的大力推荐,才得以为康熙帝所赏识,从而成为推动"西学中源"说的一名主将。可以说,康熙帝晚年所从事的科学活动,如编纂《律历渊源》丛书的编纂、蒙养

---

① 对于此次君臣二人的交谈过程,李光地与起居注官员均有记录,但是相互侧重点不同,记录的内容也不尽相同,可相互参照。此处所提及的"觜、参"二星宿的位置问题,《榕村语录》中并无记载,参见徐尚定标点:《康熙起居注》(第四册),东方出版社 2014 年版,第 122 页。

② (清)李光地著,陈祖武点校:《榕村语录·榕村续语录》,中华书局 1995 年版,第 473 页。

③ (清)李光地著,陈祖武点校:《榕村语录·榕村续语录》,中华书局 1995 年版,第 775 页。

④ (清)李光地著,陈祖武点校:《榕村语录·榕村续语录》,中华书局 1995 年版,第 470 页。

院的开设、"西学中源"说的倡导，李光地都起到了重要作用。①

（二）康熙帝对梅文鼎学术观点的影响

前文论及李光地在算学方面的极大长进与他同梅文鼎的交往是有极大关系的，而梅文鼎也正是因为李光地的大力推荐才得以被康熙帝召见，从而开启了其历算研究生涯的一个高峰。实际上，在康熙四十四年（1705 年），康熙帝同梅文鼎会面之前，康熙帝早就已经知道梅文鼎在算学方面的盛名，但并未引起足够的注意。② 有学者认为，"当耶稣会士作为朝廷与天主教教宗间的联络媒介变得越来越不可靠时，康熙皇帝对梅文鼎和其他中国算学家的发现可谓恰逢其时"。③ 此种时机，其实并非全然的巧合，一切还是源于康熙帝在每一个阶段的内在需求。

梅文鼎曾两次被李光地聘至府中讲学，《历学疑问》一书就是在李光地的催促之下写就的。康熙四十一年（1702 年），康熙帝南巡时，驻跸德州，李光地将《历学疑问》一书呈送康熙帝御览。不得不说，这是李光地对梅文鼎历算水准极为有信心的表现。果然，康熙帝对此书的初步评价还是认可的，并且有进一步详细阅览的打算。李光地请求康熙帝"亲加御笔，批驳改定"，也是自动地退至弟子的位置，请求康熙帝以"师"之名义对其教导。一年以后，康熙帝再次南巡之时，将此书发回，其中有详细的圈点评语，可见康熙帝对此书是极为重视、认真对待的。这无疑令李光地十分振奋，因为这意味着康熙帝不仅肯定了梅文鼎的历算水准，而且还肯定了他在历算方面的判断眼光。李光地认为，能得到康熙帝"相酬酢如师弟子"④的待遇，乃是梅文鼎千载难逢的际遇。既然康熙帝评价此书"无纰漏，但算法未备"，那么，

---

① 李光地将梅文鼎聘入馆中，共同培养科技人才，参与《律历渊源》编纂的梅瑴成、魏廷珍、王兰生、方苞等人都曾受到二人的举荐和提携。参见韩琦：《君主和布衣之间：李光地在康熙时代的活动及其对科学的影响》，《清华学报》（新竹）1996 年第 4 期。

② 关于康熙帝对梅文鼎的态度变化问题，本书在"余论"篇章中有详细论述。

③ ［美］艾尔曼（Benjamin A.Elman）撰，原祖杰等译：《科学在中国（1550—1900）》，中国人民大学出版社 2016 年版，第 201 页。

④ （清）梅文鼎撰，张静河点校：《绩学堂诗文钞》，黄山书社 1995 年版，第 89 页。

《历学疑问补》一书的最后呈现也就水到渠成了。

正因梅文鼎在"西学中源"说的倡导过程中发挥了如此重要、且不可替代的作用,使得后世研究者屡屡纠缠于一个问题:究竟是康熙帝以"西学中源"的观点影响了梅文鼎,还是梅文鼎启发康熙帝提出"西学中源"说? 而这个问题的解决点,被放在了考证康熙帝《御制三角形推算法论》和梅文鼎《历学疑问》成书时间的先后上。但笔者认为,尽管无论是《历学疑问》的成书时间,还是李光地将《历学疑问》呈送给康熙帝御览的时间,均在康熙帝完成《御制三角形推算法论》之前,然而这并不能说明康熙帝是因看了梅文鼎的《历学疑问》才提出"西学中源"的思想;相反,通过对《历学疑问》内容的考察可以确证,梅文鼎正是受了康熙帝的影响,才开始大肆阐扬"西学中源"的思想。

仔细考察《历学疑问》一书的内容,可见此书主旨是为了平息中西历法之辩而作,其中的"论中西二法之同"、"论中西之异"、"论今法与西历有去取之故"等篇目,都对中西历法的一些关键问题进行了辨析说明。梅文鼎认为,西历的优长之处在于"测算之精",在许多方面还是极有用处的;但在无关乎测算之用时,如厘定正朔之事,却是"国家礼乐行政之所出,圣人之所定,万世之所遵行",便可不用西历。梅文鼎在书中的立场还是"中西会通",并未着重谈及中学、西学的源流问题。这与梅文鼎一贯的观点亦是一致的:"自利氏以西算鸣,于是有中西两家之法,派别枝分,各有本末,而理实同归。"①

再者,根据前文对"西学中源"说发展脉络的分析可见,"西学中源"思想不能被视为一个独特的"发明",其思想源头在中国早已有之,是国人坚守本国传统,从而对外来文化的一种应激性的心理排斥。从利玛窦等西方传教士附会中学的解释,到希望对西学大加利用的中国士大夫会通中西的宣扬,再到维护道统从而排斥西学的儒者"理失求野"、"中学西窃"的自我

---

① (清)梅文鼎:《勿庵历算书目》,中华书局 1985 年版,第 26—27 页。

心理调适，表明"西学中源"说阐发程度的不同与阐发者本身的立场有很大关系。既然"西学中源"说也并非梅文鼎首创，其在《历学疑问》中也并未对中西学的源流做着重分析，就不能认为康熙帝是受梅文鼎启发而宣扬"西学中源"说的。恰恰相反，通过梅文鼎与康熙帝会面前后的观点变化可见，梅文鼎是在康熙帝的"指导"下，才将中西会通的观点进一步深化阐述，深入论证"西学中源"说。

通过比较《历学疑问补》与《历学疑问》内容，可以看出，梅文鼎受康熙帝的影响是十分明显的。《历学疑问补》几乎成了"西学中源"说的立论、答疑之书。该书开篇便阐明全书主旨，即"论西历源流本出中土即周髀之学"（类似写法在《数理精蕴》一书中也有体现①）。随后，梅文鼎依然延循《历学疑问》的"问—答"写作模式，针对论证"西学中源"理论中可能产生的疑问一一作答。例如，若称西法与周髀之学相合，那么如何解释周髀之学中采用"盖天说"与传统历法采用"浑天说"之间的矛盾？梅文鼎形象地比喻道：盖天即是浑天，浑天如同塑像，是立体的；而盖天如同绘像，是平面的，二者本就是同种理论，只是被误认为不同。梅文鼎还从《周髀算经》当中举出"南北昼夜长短随北极高下而有不同"、"时刻先后有差，此方日中彼为日半"、"日月交食常在朔望，则日食时日月同度，为月所掩"等例子，来论证周髀盖天说当中已经暗含着"地圆说"。在《历学疑问补》当中，梅文鼎还对中国古代历法如何传到西方做了解释，这也是"西学中源"说倡导过程中的一个重要内容。梅文鼎引用司马迁在《史记》中的论述，称周室衰微之时，畴人子弟为躲避战乱，四处逃散，遂将古代历学书器带至西方。他又引证《尚书·尧典》中的尧帝命令羲和"钦若昊天，历象日月星辰，敬授人时"，又命羲仲、羲叔、和仲、和叔分布四方，测量里差。其中和仲所去往的西方既无大海阻隔，又无严寒气候，所以可以深入到较远的地方，从而将历法传授给

---

① 前文已提及《数理精蕴》上编卷一的设置为《数理本原》、《河图》、《洛书》、《周髀经解》，在随后论述西学之上加一个"合理的"中学的前缀，亦是"西学中源"的表达。

西人。①

此一学术思想的变迁，用梅文鼎自己的一句话或可解释清楚："伏读圣制《三角形论》，谓古人历法流传西土，彼土之人习而加精焉尔，天语煌煌，可息诸家聚讼。"②由此可见，一方面，他认为将西学的源头归于中学，既符合自己"讵忍弃儒先"③、以中学为根本的诉求，也肯定了西人"习而加精"的成果，并且又可完美地将中西历算之争平息；另一方面，"天语煌煌"并非仅是对权力的附庸，而是与康熙帝多次历算互动之后，对其学术水准的服膺，认为其对西方科学的认知水准可以裁决"诸家聚讼"。

由此可见，对于康熙帝给出的纲领"历原出自中国，传及于极西，西人守之不失，测量不已，岁岁增修……"④，梅文鼎进行了深入的考证和阐述。在这样的君臣互动中，"西学中源"说顺利地完成了其基本的理论建构。

二、康熙帝对白晋《易经》研究的指导

康熙帝对"群经之首"的《易经》一直十分重视，经筵日讲之时，《易经》就是讲授讨论的重要内容。康熙二十二年（1683 年），康熙帝谕令牛钮、孙在丰等将讲义整理成书，命名为《日讲易经解义》，并亲自为之作序。在序言中，康熙帝称《易经》尽含"极天人、穷性命、开物前民、通变尽利"之理。⑤康熙帝晚年再次对《易经》研究大力提倡，其中著名事例有二：其一是命李光地组织《御纂周易折中》的编修，"上律河洛之本末，下及众儒之考定，与通经之不可易者，折中而取之"⑥；其二是指导白晋等传教士对《易经》进行了长达五年的研究。这不仅是明清之际中西文化交流史上的重要事件，也是康熙帝倡导"西学中源"说过程中的一个重要事件。

---

① （清）梅文鼎：《历学疑问补》，中华书局 1985 年版，第 2—3 页。
② （清）梅文鼎撰，张静河点校：《绩学堂诗文钞》，黄山书社 1995 年版，第 56 页。
③ （清）梅文鼎撰，张静河点校：《绩学堂诗文钞》，黄山书社 1995 年版，第 87 页。
④ （清）爱新觉罗·玄烨：《康熙帝御制文集》，台湾学生书局 1966 年版，第 1625 页。
⑤ （清）爱新觉罗·玄烨：《康熙帝御制文集》，台湾学生书局 1966 年版，第 307 页。
⑥ （清）爱新觉罗·玄烨：《康熙帝御制文集》，台湾学生书局 1966 年版，第 2204 页。

（一）探究数理源头——康熙帝命令白晋研究《易经》的缘起

康熙五十年（1711 年），康熙帝在与直隶巡抚赵宏燮讨论数学时曾说：
"夫算法之理，皆出自《易经》。即西洋算法亦善，原系中国算法，彼称为阿尔朱巴尔。阿尔朱巴尔者，传自东方之谓也。"①这句话包含了两层意思：首先，康熙帝认为"数理来源于《易经》"；其次，西洋算法是由中国传入的。康熙帝不仅表达了自己"西学中源"的思想，并且指明了数理的源头——《周易》。

康熙五十一年（1712 年），康熙帝对李光地说"尔曾以易数与众讲论乎？算法与易数吻合。朕凡阅诸书，必考其实，曾将算法与《朱子全书》对较过。"②实际上，将数学与易学研究相结合是康熙帝易学思想的必然指归。前文已经论述，康熙帝对朱熹思想极为服膺，其中即包括朱熹的易学思想。在《御制周易折中序》中，康熙帝曾表达过他对朱熹易学思想的推崇："易学之广大悉备，秦汉而后无复得其精微矣！至有宋以来，周、邵、程、张阐发其奥，唯朱子兼象数天理，违众而定之，五百余年无复同异。"③朱熹有"《易》本卜筮之书"的观点，故而对象数极为重视，视其为《周易》研究的本根。"今未晓得圣人作《易》本意，便先要说道理，纵饶说得好，只是与《易》元不相干。"④在此意义上，朱熹批判的主要是自王弼以来只探究人事而不注重思考宇宙模式、天人关系的义理之学。这与朱熹一贯的自然哲学思想也是相允洽的。朱熹曾专门讨论《河图》、《洛书》，认为此为八卦产生的数理源头。"《河图》、《洛书》，熹窃以《大传》之文详之，《河图》、《洛书》盖皆圣人所取以为八卦者，而九畴亦并出焉。"⑤"大抵《河图》、《洛书》者，七八九六之祖也；四象之形体次第者，其父也；归奇之奇偶方圆者，其子也；过揲而以

---

① （清）蒋良骐：《东华录》，齐鲁书社 2005 年版，第 322 页。
② 《圣祖仁皇帝实录》（三）（卷二五一），中华书局 1985 年版，第 490 页。
③ （清）爱新觉罗·玄烨：《康熙帝御制文集》，台湾学生书局 1966 年版，第 2204 页。
④ （宋）黎靖德编；王星贤点校：《朱子语类》，中华书局 1986 年版，第 1629 页。
⑤ （宋）朱熹，郭齐、尹波点校：《朱熹集》，四川教育出版社 1996 年版，第 1655 页。

四乘之者,其孙也。"①在《御制数理精蕴》中《数理本原》一篇中,康熙帝即表明了相同的观点,即"河出图,洛出书,八卦是生,九畴是叙,数学于是乎肇焉"②。

康熙帝命令白晋研究《易经》,约始于康熙五十年(1711 年),关于此事最早的文献记录是:

> 四月初九日李玉传旨与张常住,据白晋奏说:"江西有一个西洋人,曾读过中国的书,可以帮得我。"尔传与众西洋人,着带信去将此人叫来。再白晋画图用汉字的地方,着王道化帮着他料理,遂得几张,连图着和素奏报上带去。如白晋或要钦天监的人,或用那里的人,俱着王道化传给。钦此!③

而在此之前,康熙帝早已经提出"西学中源"的理论,开始对"西学中源"说大力宣传,并得到了梅文鼎等士人的迎合。他提出:"历原出自中国,传及于极西,西人守之不失,测量不已,岁岁增修,所以得其差分之疏密,非有他术也。"④既然在康熙帝看来,西算源于中算,而中西算法的源头又是《易经》,那么,要论证"西学中源"的合理性,真正而彻底地纳西入中,对《易经》进行深入研究就是极为必要的。可以说,康熙帝命令白晋研究《易经》,带有着明确的意图,就是令其进一步发掘"西学中源"的证据。这同康熙帝对梅文鼎等人的影响一样,他给出的是"西学中源"说的基本纲领,士人们对其进行深入的考证及其阐述,君臣共同对"西学中源"说大力阐扬。

(二) 白晋与《易经》研究

前文论及了《易经》研究对"西学中源"说的重要意义,然而,康熙帝选择白晋、即一个西洋人来研究如此深奥难懂的中国古代经典著作,还是基于

---

① (宋)朱熹,郭齐、尹波点校:《朱熹集》,四川教育出版社 1996 年版,第 1653 页。
② 《圣祖仁皇帝实录》(一)(卷六十七),中华书局 1985 年版,第 890 页。
③ 方豪:《中国天主教史人物传》,宗教文化出版社 2007 年版,第 419 页。
④ (清)爱新觉罗·玄烨:《康熙帝御制文集》,台湾学生书局 1966 年版,第 1624 页。

白晋自身具备的一些独特优势，其中最主要的就是白晋对于《易经》研究不但不陌生，反之，在康熙帝命其研究《易经》之前多年，就开始了对这部经典的关注。

白晋之所以对《易经》研究如此关注，是源于他"索引派"思想家的身份。所谓"索引派"是用索隐方法从中国古典文献当中寻找《圣经》痕迹的学术派别。之所以有学者认为在"礼仪之争"当中，索引派是处于利玛窦的"适应政策"和道明会等"原教旨主义"之间的一个思想派别，①也是因为索引派思想一度被当作解决"礼仪之争"的一剂良药。索引派思想家一直致力于从中国古代经典当中发现基督教教义的痕迹，最终目的是使得中国人认识到，他们一致奉为圭臬的古代经典，其实是对基督教《圣经》的诠释。索引派的关注点集中在四书五经，尤其是《易经》，他们认为"《易经》乃中国文化的根本，一切的经典都是对其的注释、说明和发挥"②，从而对其进行了大量的翻译和研究，以至索引派思想家被称为"易经主义者"。

对《易经》的关注，自利玛窦来华传教之时即已开始，在其所著《天主实义》一书中，有多处援引《易经》原文，意图用以诠释天主教教义。如，利玛窦用经典证明上帝即是天主，"吾天主，乃古经书所称'上帝'也"③，并且援引《易经》"帝出乎震"来进一步解释上帝并非苍苍的物质之天，"夫帝也者，非天之谓，苍天者抱八方，何能出于一乎？"④在"爱天主"部分，利玛窦称"爱天主是第一仁德"，并引《易经》"元者，善之长；君子体仁，足以长人"来说明"仁为众德之要"。⑤ 在探讨"用利害之道劝善惩恶"时，利玛窦用《易经》"利者，义之和也"、"利用安身，以崇德也"来阐明"利无伤于德，凡所不

---

① 如张西平先生认为，索引派试图从中国文化当中找出和天主教文化的内在一致性，而不像利玛窦那样仅仅是天主教文化对中国文化的适应。参见赵建敏主编：《天主教研究论辑》（第3辑），宗教文化出版社2006年版，第184页。

② 杨平：《耶稣会传教士〈易经〉的索隐法诠释》，《周易研究》2013年第4期。

③ ［意］利玛窦著，［法］梅谦立注：《天主实义今注》，商务印书馆2014年版，第100页。

④ ［意］利玛窦著，［法］梅谦立注：《天主实义今注》，商务印书馆2014年版，第100页。

⑤ ［意］利玛窦著，［法］梅谦立注：《天主实义今注》，商务印书馆2014年版，第193页。

可言者之利,皆为离道悖义。"①

"索隐派的理论可以看作是耶稣会士在华调和策略的新发展"②,白晋等人又将索引派的理论发展至一个新的高潮。康熙三十二年(1693 年),白晋奉康熙帝之命,回法国招募更多的耶稣会士,他带着康熙帝赠予法国国王的礼物,辗转于水陆,于康熙三十六年(1697 年)才回到法国。同年,白晋在巴黎的一个演讲上说:"《易经》这本书蕴含了中国君主政体的第一个创造者和中国的第一位哲学家伏羲的(哲学)原理。"③

白晋有《天学本义》、《易引》、《太极略说》、《易学总说》、《易稿》、《易论》等研究《易经》的大量手稿存于罗马耶稣会档案馆、法国巴黎耶稣会档案馆、梵蒂冈教廷图书馆当中。在白晋所作《易经》研究的手稿中,他与德国数学家莱布尼茨④的往来信件十分引人瞩目,其中谈到了许多关于《易经》与"二进制"问题,使得许多后世研究者认为,莱布尼茨发现"二进制"是深受《易经》启发。

1698 年 2 月 28 日,白晋在给莱布尼茨的信件中就提到了《易经》。在这封信中,白晋隐约涉及了伏羲所制的八卦同毕达哥拉斯学派的联系,他认为这些中国最古老的文字符号"不仅仅是算术和语言要素的浓缩,而且也是所有科学的自然原理的浓缩"⑤。白晋于 1700 年 11 月 8 日给莱布尼茨的信中,更为详尽地表明了他对《易经》的认识。他将创制六十四卦三百八十四爻的伏羲看作中国第一个立法者,认为先天卦体现了天体运行的和谐,可以解释万事万物的性质及其产生、消亡的原理。伏羲所作的先天图将中国古人所达到的算术、天文、物理、医学等科学的最高状态概括进了毕达哥

---

① [意]利玛窦著,[法]梅谦立注:《天主实义今注》,商务印书馆 2014 年版,第 166 页。

② 杨平:《耶稣会传教士〈易经〉的索隐法诠释》,《周易研究》2013 年第 4 期。

③ 转引自林金水:《〈易经〉传入西方考略》,载《文史》(第 29 辑),中华书局 1988 年版,第 367 页。

④ 戈特弗里德·威廉·莱布尼茨(Gottfried Wilhelm Leibniz,1646 年 7 月 1 日—1716 年 11 月 14 日),德国著名哲学家、数学家。

⑤ [美]孟德卫著,张学智译:《莱布尼兹和儒学》,江苏人民出版社 1998 年版,第 43 页。

拉斯的模式当中,而包括孔子在内的后世的《易经》解读者,都没有参透八卦的原意,各种注释更使得《周易》的本义变得模糊不堪。当然,同所有的索引派一样,白晋对《易经》进行研究的最终归宿是找寻中西的一致性。他认为伏羲是人类最早的法典制定者,但他并非中国人,而只是在不同国度被赋予了不同的名字,埃及和希腊叫"赫尔墨斯",希伯来叫"伊诺克",波斯叫"琐罗亚斯德"一样;而中国古代哲学和柏拉图哲学、古代希伯来哲学一样,都是造物主的启示。

1701年2月15日,莱布尼茨在给白晋的信中,首次介绍了他关于"二进制"的构想,即天地万物起源于二进制单位0和1,并力图说服白晋将他的观点告知康熙帝。白晋在收到莱布尼茨的信后,非常兴奋,他在1701年11月4日的回信中惊喜地称:"你的新计数法,跟伏羲的体系,即'les coha'(八卦)是一样的。"[①]白晋还随信附了一张"先天卦序图"[②],提示莱布尼茨,如果将二进制算术从第五级进到第六级,用阴爻和阳爻分别代表0和1,将结果弯成一个圆形后,即同伏羲先天图的卦序排列是一致的。虽然将伏羲称之为"伟大的哲学王",但白晋再次强调,伏羲并非中国人,而是一个世界性的人。他用索隐派的解读翻译法诠释了"伏羲"二字,"伏"是"犬人",是人身狗头的智者;"羲"是"献祭",是祭祀的主持者。白晋同莱布尼茨的观点相同,希望能够从知识入手来改变康熙帝的宗教信仰,他向莱布尼茨索要更多的关于二进制理论的资料,以便呈送给康熙帝。

莱布尼茨收到白晋的信后,欣喜异常,几天后就将关于二进制的论文寄往法国巴黎科学院,论文中引用了白晋信中所附的伏羲先天卦序图。虽然经后世学者考证,莱布尼茨发明二进制是受《易经》启发这一说法是错误的,但确实是"白晋的《易经》研究促使了莱布尼兹把二进制和卦爻结合起

---

① [法]艾田蒲著,许钧、钱林森译:《中国之欧洲》(上册),河南人民出版社1994年版,第410页。

② 实际上,这并不是传说当中伏羲所作的图,而是邵雍的"六十四卦圆图方位图"。

来;也正是如此,'西学中源'说又增添了一个新的佐证"①。

(三) 康熙帝对白晋《易经》研究的影响

康熙帝曾说:"在中国之众西洋人并无一人通中国文理,惟白晋一人稍知中国书义,亦尚未通。"由此可见,康熙帝对于白晋的汉文水平,还是十分清楚的,虽然白晋已在中国多年,对经典古籍有一些研究,但要真正在《易经》研究方面有进展,还是难度很大的。所以,白晋开始研究《易经》之时,康熙帝就随时关注其研究进度,协助解决各种问题。

> 七月初五日上问:"白晋所释《易经》如何了? 钦此!"王道化
> 回奏:"今现在解《算法统宗》之攒九图、聚六图等因具奏。"上谕:
> "朕这几月不曾讲《易经》,无有闲着;因查《律吕根原》,今将黄钟
> 等阴阳十二律之尺寸积数、整音、半音、三分损益之理,俱已了然全
> 明。即如箫笛、琵琶、弦子等类,虽是玩戏之小乐器,即损益之理,
> 查其根源,亦无不本于黄钟而出。白晋释《易经》,必将诸书俱看,
> 方可以考验;若以为不同道则不看,自出己意敷衍,恐正书不能完,
> 即如邵康节乃深明易理者,其所有占验,乃门人所记,非康节本旨,
> 若不即其数之精微以考查,则无所倚,何以为凭据? 尔可对白晋
> 说:'必将古书细心较阅,不可因其不同道即不看;所释之书,何时
> 能完,必当完了才是。'钦此!"②

由此可见,康熙帝并非简单地询问,而是密切关心进度,并且加以方法指导。他令白晋对古书悉心校阅,实际上是想让其对数理问题、尤其是数理源头问题进行详察,以便更好地"纳西入中"。面对康熙帝的时常问询,白晋也倍感压力,他辩解自己汉文功底不够好,况且《易经》又是古代经典中

---

① 韩琦:《白晋的〈易经〉研究和康熙时代的"西学中源"说》,《汉学研究》1998 年第1 期。

② 方豪:《中国天主教史人物传》(中册),中华书局 1988 年版,第 281—282 页。

最为深奥的。"臣等愚昧无知。倘圣恩不弃鄙陋,假半月,容臣白晋同傅圣泽细加考究,倘有所得,再呈御览,求圣恩教导,谨此奏闻。"①实际上,白晋对《易经》的研究在很长一段时间都不能够让康熙帝满意,康熙帝甚至向周围大臣发出疑问:"博津之《易经》看不懂,不知尔等懂否?"不仅如此,康熙帝身边的大臣也抱怨白晋对《易经》的研究十分糟糕:

> 奴才等留存博津所著《易经》数段,原以为其写得尚可以。奴才等读之,意不明白,甚为惊讶。皇上颁是旨,始知皇上度量宏大。奴才等虽无学习《易经》,虽遇一二难句,则对卦查注,仍可译其大概。再看博津所著《易经》及其图,竟不明白,且视其图,有仿鬼神者,亦有似花者。虽不知其奥秘,视之甚为可笑。再者,先后来文援引皆中国书,反称系西洋教。皇上览毕,早已洞鉴其可笑胡编,而奴才等尚不知。是以将博津所著《易经》,暂停隔报具奏,俟皇上入京,由博津亲奏。②

白晋在开始研究《易经》的初期之所以不能让康熙帝满意,主要原因并非在于其汉文水平不足以读懂《易经》,而在于他同康熙帝根本初衷的背离。如上文所述,作为索引派的传教士,白晋对于《易经》研究的根本诉求在于从中国古代经典里面寻找天主教的痕迹,从而有利于圣教传播,就像张西平曾评价《天学本义》等著作:"文字是中国的,但思路和逻辑完全是西方的,是《圣经》的伊甸园原善、先祖原罪、天主救赎思路的中国式表达。"③白晋的《易经》研究也是如此,他只执着于自己研究《易经》的初衷,而忽略了康熙帝的根本诉求——侧重对《易经》象数方面的研究,由此查找数理

---

① 方豪:《中国天主教史人物传》(中册),中华书局1988年版,第282页。

② 中国第一历史档案馆编:《康熙朝满文朱批奏折全译》,中国社会科学出版社1996年版,第735页。

③ 张西平:《欧洲早期汉学史:中西文化交流与西方汉学的兴起》,中华书局2009年版,第548页。

的根本源头。因此不仅会被大臣们视为"可笑胡编",也难以让康熙帝满意。

所幸通过康熙帝的"引导",白晋《易经》研究逐渐有了进展。当然,学界关于此问题的研究者也认为,白晋与莱布尼茨的联系对其研究《易经》有了很大帮助。白晋在"索引"之余,致力于《易经》象数的研究,他认为:"内易之秘,奥蕴至神,难测而难达,幸有外易数象图之妙,究其内易之精微。"①于是,白晋对《易经》的研究有了很大的进展,屡屡受到康熙帝的赞扬:"白晋作的数甚是明白,难为他。"②甚至白晋对于此方面的关注,令其合作伙伴傅圣泽也同其分道扬镳,"当白晋将注意力集中在《易经》中的算术和几何成就时,傅圣泽却因其对道教的兴趣而超越这一点"③。

康熙帝对白晋研究《易经》的关注和指导一直持续了至少五年的时间,然而最后却以一个似乎"不了了之"的结局收尾。康熙五十五年(1716年),康熙帝称:"白晋他作的《易经》,作亦可,不作亦可;他若要作,着他自己作,不必用一个别人,亦不必忙;俟他作完全时,再奏闻。"④

康熙帝对白晋研究《易经》丧失了关注,也是一个必然的结果。一方面,康熙帝数十年对于西方科技的学习和运用已经逐渐接近"尾声",即无论是在维护治统、还是塑造道统形象方面,西方科技都已经发挥了其应有的作用;并且,随着康熙帝对"西学中源"说的大力提倡,西学的位置必然要从属于中学之下。另一方面,礼仪之争的发生,致使中西文化之间的矛盾再次凸显,西方传教士的立场已经很难让康熙帝满意,"宗教价值观和强烈的传

---

① 梵蒂冈图书馆 Borgia Cinese 317(8),转引自张西平:《欧洲早期汉学史:中西文化交流与西方汉学的兴起》,中华书局 2009 年版,第 538 页。
② 梵蒂冈图书馆 Borgia Cinese 317(4),转引自张西平:《传教士汉学研究》,大象出版社 2005 年版,第 121 页。
③ [美]魏若望著,吴莉苇译:《耶稣会士傅圣泽神甫传:索隐派思想在中国及欧洲》,大象出版社 2006 年版,第 185 页。
④ 方豪:《中国天主教史人物传》(中册),中华书局 1988 年版,第 285 页。

教目标使他们难以做到无保留地介绍西学、客观地研究汉学"①。在此种局面下,"一些在明清之际崛起的本土数学家原来低下的社会地位发生了急剧变化,康熙皇帝增加了对身边的一批汉族文人官僚的支持。……文人数学家的社会地位在 18 世纪获得显著提升"。②

---

① 吴伯娅:《耶稣会士白晋对〈易经〉的研究》,载中国中外关系史学会编:《中西初识二编》,大象出版社 2002 年版,第 62 页。
② [美]艾尔曼著,原祖杰等译:《科学在中国(1550—1900)》,中国人民大学出版社 2016 年版,196—197 页。

第六章　余论:对康熙帝科技活动的评价问题

第一节　康熙帝科技活动中的"矛盾"态度

综观康熙帝一生所从事的科技活动,会发现他在其中展现出多种"矛盾"态度,这些"矛盾"态度大致可分为对内与对外两类:对待汉族科学家的矛盾态度是其对内的矛盾,对待西方传教士、西方科学、天主教的矛盾态度可视为其对外的矛盾。本书导论中曾提到,由于康熙帝身份极为特殊,当将其看作一个科学活动家,从而考察此一时期科学的传播与发展时,必定不能忽略由于其特殊身份而产生的复杂问题。实际上,在康熙帝所从事的科技活动中,所有的"矛盾"都是一种必然,都是其既作"君"又作"师"、既为"王"又为"圣"、既掌握政权又控制教权、既维护治统又执掌道统的必然表现。

一、康熙帝对汉族科学家的"矛盾"态度

在前文关于道统与治统同一与分立的历史渊源部分,曾论及"君师同一"是道统的角色表现、"圣王同一"是道统的人格体现。康熙帝在塑造其自身道统形象的过程中,"师"和"圣"的诉求使得他在对待一贯占据文化主导地位的汉族士大夫阶层的态度方面呈现一种复杂的表现,主要可归结为一种"矛盾"的态度。这种态度在康熙帝与李光地、熊赐履、汤斌等儒学重

臣的交往过程中时常可见,在康熙帝与汉族科学家的交往中表现尤甚。以下列举的即是康熙帝对梅文鼎的"矛盾"态度。

时间	康熙帝对梅文鼎的评价
康熙三十年 (1691 年)	康熙帝在乾清门听政期间训导大臣时谈及:"近日有江南梅姓者,闻其通算学。曾令试之所言测景,全然未合。从来测景之法,某日某时太阳到某度,影之长短,其辨至细。此人立表甚短,虽所差微渺,但一寸中差一分,至尺则差一寸,至丈即差一尺。彼因算法不密,故测景用短表以欺人不见耳。"①
康熙三十一年 (1692 年)	康熙帝对于成龙说:"你们汉人全然不晓得算法。惟江南有个姓梅的他知道些。他俱梦梦。"②
康熙四十一年 (1702 年)	李光地将梅文鼎所著《历学疑问》进呈康熙帝,次日,康熙帝对李光地称:"昨所呈书甚细心,且议论亦公平。此人用力深矣。"③
康熙四十四年 (1705 年)	(康熙帝)谓光地曰:"天象算法,朕再留心此学,今鲜知者。如文鼎实仅见也。其人亦雅士,惜乎老矣。"④
康熙四十八年 (1709 年)	康熙帝对陈厚耀称:"梅文鼎算法也只晓得一半,朕教他许多妙法。"⑤
康熙五十年 (1711 年)	康熙帝称"昔有一善算者名梅文鼎,年逾七十,朕召问算法。彼所识甚多,彼所问朕者亦皆切要。然定位彼却不知。朕执笔画圈纸上以示之,彼顿省悟,呆视泣下。"⑥

由以上材料可见,康熙帝对待梅文鼎的态度并非简单的"肯定→否定",而是在两者之间反复变化。康熙帝与梅文鼎的正式会面是在康熙四十四年(1705 年),而在此之前的十多年,康熙帝就已经对梅文鼎有所了解,并派人了解、考察过他的算学水准。其时,梅文鼎已在北京编修《明史》,其

① 徐尚定标点:《康熙起居注》(第四册),东方出版社 2014 年版,第 334 页。
② (清)李光地著,陈祖武点校:《榕村语录·榕村续语录》,中华书局 1995 年版,第815 页。
③ (清)章梫纂,褚家伟等校注:《康熙政要》,中共中央党校出版社 1994 年版,第355 页。
④ (清)章梫纂,褚家伟等校注:《康熙政要》,中共中央党校出版社 1994 年版,第355 页。
⑤ 焦循:《召对纪言》,转引自韩琦:《蒙养斋数学家陈厚耀的历算活动——基于〈陈氏家乘〉的新研究》,《自然科学史研究》2014 年第 3 期。
⑥ 徐尚定标点:《康熙起居注》(第七册),东方出版社 2014 年版,第 313 页。

精通算学之盛名已经广为散布。康熙帝对梅文鼎算学水平的较低评价,也符合他一贯在文化上压制士人、剥夺儒士道统话语权的习惯。随后,李光地促成了康熙帝与梅文鼎的正式会面,君臣二人开始对"西学中源"说大力倡导,此时也是康熙帝给予梅文鼎最高褒奖与盛赞的时期。有学者称,此时的梅文鼎"成了朝廷与钦天监里可以挑战耶稣会士权威的中国数学家。康熙皇帝更进一步加强了梅文鼎在全帝国的权威,给他以前所未有的荣耀,以表率本土数学家。文人数学家的社会地位在 18 世纪获得显著提升"[1]。然而,在此之后的梅文鼎并非如其"清代第一历算名家"的称号一样获得康熙帝的绝对认可,康熙帝屡屡谈及梅文鼎算法的不足之处,并强调自己对梅文鼎的指导。

可以说,康熙帝是首先有了文化方面的自卑感,才有了超越一般帝王的对文化诉求的热情。这种文化自卑感来自满洲少数民族的出身,其衍生出来的在文化层面上压倒汉族士大夫的努力体现于康熙帝一生的文化追求过程中。这种塑造自身学术权威形象的诉求,一方面使得康熙帝对学术人才大力培养和挖掘,另一方面又对人才进行文化上的压制,剥夺其话语权。所以,康熙帝对待汉族科学家的"矛盾"态度是一种必然表现。

二、康熙帝对西人、西学、西教的"矛盾"态度

前文提及,与西学的捆绑式传播使得天主教的东传之路得以更为顺畅,并且,"与利玛窦等早期耶稣会士不同,17 世纪中叶至 18 世纪初来华的传教士只专注于向康熙帝传授科学技术知识,很少和中国学者们联系"[2],这一路线的改变也是他们在清初历法之争当中获得的最大启发。在他们看来,康熙帝对西方科学的热爱就是对天主教最好的护持。南怀仁曾对这一

---

[1]　Bai,"Mathematical Study and Intellectual Transition in the Early and Middle Qing",pp. 23-61.compare Biagioli,GalileoCourtier,pp.54-59。转引于[美]艾尔曼著,原祖杰等译:《科学在中国(1550—1900)》,中国人民大学出版社 2016 年版,第 150—151 页。

[2]　田淼:《中国数学的西化历程》,山东教育出版社 2005 年版,第 98 页。

过程有过一个饶有趣味的描述：

> 因为圣母玛利亚是通过天文学而最早被介绍到中国的，因为她也曾随着天文学一道而遭遗弃，同时也因为在多次被抛弃之后，她总是一次又一次地被召回，而且成功地由天文学恢复了她的尊严，所以天主教就被合乎逻辑地被描绘成最具威严的女王，依靠着天文学的帮助公开地出现在中国大地上。而欧洲其他各种精密的科学，也紧紧地站在圣母玛利亚一边，围绕着她，成为她最具魅力的同伴。甚至在今天，以所有站在她一边的科学为伴侣，她比以前容易得多地在中国各处漫游。①

南怀仁的这段话清晰地表明了从明末清初历法之争到康熙帝对西方科学青睐有加之后，天主教在中国的处境变化，即西人与西教的地位大大提升。但是，即便是在这样的乐观情形下，白晋等人也十分清醒："他（康熙帝）如果对天主教和儒家的一致性稍有疑惑，就决不会许可天主教的存在"。

因为康熙帝及中国士大夫对西方科学的态度，始终同其对传教士、天主教的看法交织在一起，所以就呈现出一种复杂的情形，主要表现为一种"矛盾"的态度。

时间	康熙帝对待西学的态度
康熙十五年 （1676 年）	康熙帝谕钦天监："尔衙门专司天文历法，任是职者，必乎习学精熟。向者新法旧法，是非争论，今既深知新法为是，尔衙门学习天文历法，满洲官员，务令加意精勤。此后习熟之人，方准升用，其未经学习者，不准升用。"②

---

① ［比］南怀仁著，［比］高华士英译、余三乐中译：《南怀仁的〈欧洲天文学〉》，大象出版社 2016 年版，第 247 页。

② 《圣祖仁皇帝实录》（一）（卷六十二），中华书局 1985 年版，第 804 页。

续表

时间	康熙帝对待西学的态度
康熙四十三年（1704 年）	康熙帝称："新法推算,必无舛错之理,这舛错,或因误写字画,或因算者忽略,将零数去之太多,亦未可定,著详察具奏。"①
康熙五十年（1711 年）	康熙帝谕曰："天文历法,朕素留心,西洋历大端不误,但分刻度数之间,久而不能无差。今年夏至,钦天监奏闻午正三刻,朕细测日影,是午初三刻九分。此时稍有舛错,恐数十年后,所差愈多。"②

时间	康熙帝对待传教士的态度
康熙二十七年（1688 年）	理藩院奉旨："朕看所用西洋人,真实而诚恳可信。"③
康熙三十一年（1692 年）	康熙帝谕曰："西洋人治理历法,用兵之际修造兵器,效力勤劳,且天主教并无为恶乱行之处,其进香之人,应仍照常行走。"④
康熙四十五年（1706 年）	康熙帝对李光地、熊赐履称："汝等知西洋人渐作怪乎？将孔夫子亦骂了。予所以好待他者,不过是用其技艺耳。历算之学果然好,你们同是读书人,见外面地方官与知道者,可具道朕意"。⑤
康熙四十八年（1709 年）	康熙帝谕曰："西洋人自怀仁、安文思、徐日昇、利类思等在廷效力,俱勉力公事,未尝有错,中国人多有不信。朕向深知,真诚可信。即历年以来,朕细访伊等之行实,凡非礼之事,断不去做,岂有过犯可指？"⑥
康熙五十年（1711 年）	"现在西洋人所言,前后不相符,尔等理当防备。"⑦

以上列举的是不同时期康熙帝对于西学、西人、西教的不同态度及其评

---

① 崔张华、张书才主编：《清代天文档案史料汇编》,大象出版社 1997 年版,第 135 页。

② 《圣祖仁皇帝实录》（三）（卷二四八）,中华书局 1985 年版,第 456 页。

③ 韩琦、吴旻校注：《〈熙朝崇正集〉〈熙朝定案〉（外三种）》,中华书局 2006 年版,第 170 页。

④ 韩琦、吴旻校注：《〈熙朝崇正集〉〈熙朝定案〉（外三种）》,中华书局 2006 年版,第 184 页。

⑤ （清）李光地著,陈祖武点校：《榕村语录·榕村续语录》,中华书局 1995 年版,第 643 页。

⑥ 韩琦、吴旻校注：《〈熙朝崇正集〉〈熙朝定案〉（外三种）》,中华书局 2006 年版,第 367 页。

⑦ 中国第一历史档案馆编译：《康熙朝满文朱批奏折全译》,中国社会科学出版社 1996 年版,第 741 页。

价。由此可见,康熙帝对于西方科技的态度变化较小,从"杨光先历狱案"对其逐渐产生兴趣开始,到随后的孜孜以求、大加运用,再到最终的"纳西入中",康熙帝对西方科技一直还是极为肯定的,也较少给予批评。而康熙帝对西方传教士及其天主教的态度,却在不同时期有着不同的变化。这也是由其特殊的身份所决定的。白晋曾说:"由于康熙皇帝儒教教主的身份与其对儒教的深刻理解,无疑他对宗教问题的意见,会具有极大的重要性。"①白晋称康熙帝为"儒教教主",是因为他对康熙帝一直以来护道、护教的诉求与行动看得十分真切。康熙帝满人的身份,使得他对待西方传教士的排斥心态较弱。虽然满族已经入主中原,但同汉族之间的微妙关系始终存在。"夏夷之防"排斥了对于汉族来说的所有异族,这使得康熙帝与西方传教士之间有了一种莫名的亲近感。康熙帝时常叮嘱传教士小心谨慎:"满人像我一样爱敬你们,但是汉人和蒙古人不能容忍你们……"②。可以说,在一定时期内,康熙帝对于传教士的信任度远远超过汉人。然而,康熙帝道统代言人的身份又使得他无法真正接纳传教士和天主教。因此,传教士们会经常感受到康熙帝的矛盾:"皇上希望别人知道他宠爱、尊敬我们,但在众人面前他对我们不大表示特殊的好感,然而在皇上独自一人时,却又那样控制不住对我们的感情"③。"总之他告诫我们不要在我们所去的衙门里翻译任何关于我们的科学的东西,而只在我们自己家里做"④。

所以,虽然西方科学在康熙帝统治生涯中发挥了重要的作用,但是,其儒家道统维护者的身份使之无法无视"礼仪之争"中天主教对儒家道统的侵犯。或者说,当康熙帝使用西方科学塑造其"道治合一"圣王形象的目的已经基本达到后,他就必然在中西文化之争的局面中,与西方科学渐行渐远。

---

① [法]白晋:《康熙皇帝》,黑龙江人民出版社 1981 年版,第 57 页。
② [法]张诚著,陈霞飞译:《张诚日记(1689 年 6 月 13 日—1690 年 5 月 7 日)》,商务印书馆 1973 年版,第 72 页。
③ [法]白晋:《康熙皇帝》,黑龙江人民出版社 1981 年版,第 43 页。
④ [法]张诚著,陈霞飞译:《张诚日记(1689 年 6 月 13 日—1690 年 5 月 7 日)》,商务印书馆 1973 年版,第 72 页。

第二节　康熙帝科技活动对儒家道统的
影响：拓展与侵害

一、对儒家道统的拓展

《清史稿》曾评价康熙帝："圣学高深,崇儒重道。几暇格物,豁贯天人,尤为古今所未观。"①的确,"崇儒重道"、"几暇格物"都是康熙帝为塑造自身"圣学高深"的形象而于一生中毫无间断的文化诉求。对于其"崇儒重道"的文化成就,后人都给予了诸多肯定;然而对其"几暇格物"的价值,却未有足够的认识,原因之一即是将科学技术分离于儒家道统之外的固有成见。虽然古代的科学技术知识被广泛运用于天文、历法、算数等涉及国计民生的各个领域,但是科技在儒家传统中的地位一直不高。也正是因此,学界不少研究者将康熙帝一方面实行理学治国,另一方面大力倡导科学视为矛盾的行为。实际上,在康熙帝内在的信仰及价值体系中,从未将科技排除于儒家道统之外,相反,它还是道统固有的内涵。

康熙帝的科技著作命名为《几暇格物编》,其中的"格物"二字出自《礼记·大学》,即"八目"之一:格物—致知—诚意—正心—修身—齐家—治国—平天下。"格物致知"是儒家思想中的重要概念,只是其内涵一直聚讼纷纭,未有定论。至朱熹撰写了《补格物致知传》,将"格物致知"诠释为"即物而穷其理也"②,并强调了格"天、地、草、木、鸟、兽"等自然界之物的重要性,"这实际上为从'格物致知'到'科学'开辟了道路"③,这也是一个非常重要的观念突破。

虽然朱熹最终所指向的并非自然问题,而是伦理问题,但其为后世儒者

---

① （清）赵尔巽等:《清史稿》（卷八）,吉林人民出版社 1995 年版,第 201 页。
② （宋）朱熹:《四书集注》,海南出版社 1992 年版,第 10 页。
③ 乐爱国:《儒家文化与中国古代科技》,中华书局 2002 年版,第 276 页。

科学家提供了两个重要的观念支持:其一,"格物致知"原理给出了一个一般的"主—客"模式,故可以涵盖科学问题:"盖人心之灵莫不有知,而天下之物莫不有理。"①这里,一方是主体的智能,而另一方是对象客体的物理。这与上文谈到的荀子所说的"凡以知,人之性也;可以知,物之理也"②是完全同构的。其二,将研究"形而下之器"视为求得"形上之道"的重要途径,并在格自然之物方面积极探索。在《几暇格物编》中,康熙帝对雷电、风候、潮汐、理气、地球等自然现象进行研究时,都将朱熹的理论奉为圭臬,在书中随处可见他对朱熹格物理论的赞叹:"其理甚确"③,"皆因格物穷理中得之,后人想不到至理也"④,"朱子论之极详,无复多言"⑤。

明末,利玛窦等西方传教士积极的行走"学术传教"的路线,为求得中西学更为深层的契合,特用"格物穷理"指称西学。同时,中国学界因反对王学末流空谈误国而兴起的经世致用的实学思潮,也掀起了研究自然科学的一个高潮。以徐光启为主的儒家士大夫开始大力引进西方科技,以补救中国科技之不足。与明清之际的儒者们不同,康熙帝热衷格物不仅是其对朱熹理学的继承,还源于其自身"圣王"身份的要求。可以说,康熙帝从两个方面丰富了儒家道统的内涵:其一,强调了科学技术在儒家道统当中的地位,并以开放的态度吸收西方科技的优长,既符合儒家道统"日新"的要求,又解决了中国科学技术的危机问题;其二,强调了科学技术在"圣王"之"智"中的地位,努力塑造自身"知识权威"的形象,扩展了执掌道统的"圣"者的智能体系。

_____

① (宋)朱熹:《四书集注》,海南出版社 1992 年版,第 10 页。

② 《荀子·解蔽》。

③ (清)爱新觉罗·玄烨著,李迪译注:《康熙几暇格物编译注》,上海古籍出版社 2007 年版,第 40 页。

④ (清)爱新觉罗·玄烨著,李迪译注:《康熙几暇格物编译注》,上海古籍出版社 2007 年版,第 38 页。

⑤ (清)爱新觉罗·玄烨著,李迪译注:《康熙几暇格物编译注》,上海古籍出版社 2007 年版,第 28 页。

二、对儒家道统的侵害

本书的主旨是讨论西方科技在康熙帝将道统与治统合二为一的努力中的作用问题，通过前文的论述可知，西方科技在此过程中发挥了重要的、不可替代的作用。可以说，康熙帝以皇权兼并道统、政权兼并教权的努力是十分成功的，其中最明显的标志之一即是诸儒对康熙帝"道治合一"形象的服膺。李光地曾对自古以来道统与治统的分合做过详述，并评价康熙帝："应王者之期，躬圣贤之学，天其殆将复启尧舜之运，而道与治之统复合乎！"①诸如此类的称颂，在徐乾学、方苞、高士奇、李绂、陈廷敬、明珠等诸多康熙朝儒学名臣的文集中随处可见。结合康熙帝"道治合一"圣王形象塑造的一系列努力可知，诸儒对康熙帝的称颂，并非全然出于对皇权的畏惧与阿谀，而是相当程度的心悦诚服。也就是说，康熙帝在心理上、精神上相当彻底地征服了这些儒家士大夫。

道统与治统长期以来都存在着既联系而又紧张的关系，"古代中国传统上的士大夫阶层对于无边皇权的有限制约，常常是通过知识与思想的阐释来进行的"②。康熙帝通过一系列努力，取代士大夫阶层而占有对于知识和思想的阐释权的过程，也是士人对皇权约束力大大降低的过程，其最终的结果必然是儒者道统话语权力的丧失。

此种情形在康熙帝与儒家士大夫科技互动的过程中表现得尤为突出。凭借着对西方科技多年的学习和运用，康熙帝在此领域占据了独一无二的"知识权威"的地位，他随时可以用科技知识训斥、教导儒者；并且，随着康熙帝"师"之地位的巩固，康熙朝士人也甘愿交出话语权力，退而为"弟子"。例如在"西学中源"说倡导过程中，在朝士人李光地、在野士人梅文鼎的态度及其学术观点的转变，就可视为整个士人阶层地位下降的明显标识。李

---

① （清）李光地：《榕村全集》（卷十），台北商务印书馆 1983 年版，第 147 页。
② 葛兆光：《中国思想史》（下），复旦大学出版社 2009 年版，第 193 页。

光地对"西学中源"说的阐述显然是为了逢迎康熙帝的喜好,而在"西学中源"说的倡导过程中担当理论建构重任的梅文鼎对西学态度的转变,也被看作另一种形式的逢迎。起初,梅文鼎对西学的态度"自利氏以西算鸣,于是有中西两家之法,派别枝分,各有本末,而理实同归"①,与"东海西海、心同理同"的观点较为接近,与其晚年大力宣扬的"西学中源"理论确实发生了不小的变化。有学者评论这是一种被统治者所利用的、趋附他人的学术风气,而实际上,这是康熙帝"道治合一"圣王形象塑造的必然结果。他"巧妙的垄断了本来由士人阐释的真理","使士人普遍处在'失语'的状态"②。

"由于统治者汇聚'治统'与'道统'于一身,以往二者在意识形态上的区分也就变得模糊不清了。所以这些儒生固然获得皇帝鼎力的支持,藉以实现文化的理想,无意中却付出昂贵的代价而牺牲了'道统'的自主性。换句话说,传统里'道统'批判政治权威的超越立足点被解消了。"③总之,如果以实证主义的历史学眼光来看,康熙帝的努力的确是成功的,他大大强化了皇权和清朝执政的"道统"合法性;但是,如果以更为广阔的历史哲学的眼光来看,康熙帝的努力却是对道统的侵害和中国社会现代转型的阻滞。在现代社会,"道治合一"是不可能成功的,因为它不符合现代社会的运行机制,即不符合现代政治的"政教分立"(separation of religion from politics)原则。不仅如此,即便在现实的权力运行结构中政权高于教权,然而在价值观念上教权要始终高于政权。在这个问题上,20世纪的现代新儒家关于道治关系、政教关系的论述是值得注意的。

---

①　(清)梅文鼎:《勿庵历算书目》,中华书局1985年版,第26—27页。
②　葛兆光:《中国思想史》(下),复旦大学出版社2009年版,第390页。
③　黄进兴:《优入圣域:权力、信仰与正当性》,陕西师范大学出版社1998年版,第106页。

第三节　康熙帝科技活动对清初科技
发展的影响：倡导与限制

对历史人物的评价，一直有多种评价标准。有的评价充分考量历史人物所处的环境，较为"宽容"地对待其思想上存在的时代局限性；有的评价更为注重历史人物对社会发展的影响，故而"严苛"地审视其是否有超越时代的思想价值。在康熙帝科技活动的评价问题上，大致也可用这两种类型的倾向来概括：有学者引用列宁在《评经济浪漫主义》中的话来评价康熙帝，认为"判断历史的功绩，不是根据历史活动家没有提供现代所要求的东西，而是根据他们比他们的前辈提供了新的东西"①；也有学者将康熙帝视为中国科技滑坡的罪人，认为其一系列科技政策上的失误，令中国失去了一个好的发展科技的机会。② 笔者认为，在对康熙帝科技活动评价问题上，梳理功绩和批判失误都是必不可少的，本书对康熙帝学西学、用西学的动机问题所作的一系列研究，目的之一也是为了在康熙帝科技活动的评价方面能够更加全面、更加客观。

一、倡导：科技发展规模的扩大与水平的提升

本书导论中曾提及，明清易代之后，西方科技的传播方式发生了重要的转变，这种转变主要在于西方科技传播"主持人"的身份发生了变化，即由儒家士大夫变成了皇帝。虽然明末推动西学传播的徐光启、李之藻、杨廷筠等人均为朝廷重臣，然而从权力与影响力来看，其远远无法与康熙帝相提并论。康熙帝通过对西方科技的学习和运用，使得自己圣王的形象更加鲜明，权力更为巩固；反之，加强的皇权又使得康熙帝对科技发展的影响更为显

---

① 参见潘吉星：《康熙帝与西洋科学》，《自然科学史研究》1984 年第 2 期。
② 参见席泽宗：《论康熙科学政策的失误》，《自然科学史研究》2000 年第 1 期。

著。有学者曾评价："没有欧洲传教士的渡海东来，就没有明清之际中西文化交流的高潮；没有康熙帝的积极支持和'度量宏大'，这个交流就难以硕果累累。"[①]的确，欧洲传教士的东来，为国人提供了学习西方科技的机会；然而，两种异质文化之间的激烈碰撞与摩擦，又使得国人与西方科技险些失之交臂。不得不说，如果没有康熙帝在清初历法之争中的明智抉择，没有其随后对西方科学的大加利用，清初西方科技的传播将会大打折扣，甚至停滞。在此意义上来说，康熙帝为清初科技的发展做出了重要且独一无二的贡献。

首先，从科技发展规模来看，如果没有皇权的介入，康熙朝几项大型的科技活动便无法很好地完成。例如全国地理大测量及其全国舆图的绘制工作，前后一共进行了十年的时间，其涉及的疆域范围东北到库页岛、东南到台湾、南至海南岛、西至伊犁河、北至贝加尔湖，是世界上实测面积最广的地图，要进行这样大规模的测量，不仅需要先进的技术，大量的专业人员，还需要很好的物质保障工作。康熙帝不仅亲自制定测绘标准，安排、调配测绘人员，还给予整个测绘工作以很好的支持，可以说，如果没有康熙帝主持，如此大规模的地理大测量工作不可能顺利完成。再例如为了编纂大型科技丛书《律历渊源》，康熙帝设立了专门的编书机构，从各地精挑细选了一大批科技人才参与其中，并对编纂工作随时督导，解决各种问题。《律历渊源》在我国科技史上一直占据很高的价值，尤其是其中花费康熙帝最多心血的《数理精蕴》，在随后相当长的一段时间内，这部书扮演的都是"教科书"的角色，对清代数学发展产生了深远影响。

其次，从科技发展深度来看，康熙帝对于科技活动的极大热情在很大程度上影响了康熙朝士人，使其对于科技的关注度大大提升。康熙十八年（1679年），康熙帝首次下令设立博学鸿词科，并将自己的兴趣体现在取士的试题中，当年的殿试试题便为"璇玑玉衡赋"和"省耕诗"。康熙帝在多个

---

① 吴伯娅：《康雍乾三帝与西学东渐》，宗教文化出版社2002年版，第13页。

公开场合对士大夫们讲解科技问题,亲自进行测量实验,并且利用科技知识训导大臣,此举在展示自己科技权威形象的同时,还引发了士人对于科技问题的关注。另外,由于康熙帝对于科技活动的兴趣,一批在天文、历算、律吕等方面有特殊才能的科技人才得到重用,如清代历算、音韵学名家王兰生就被康熙帝直接赐予举人、进士,参加会试与殿试;在野士人梅文鼎因其历算才能为康熙帝所器重,不但召其问对三日,且御赐"绩学参微"称号,可谓给予其极大的荣耀。一向在儒家文化传统中并不被十分重视的科技领域得到了皇权的如此认可,本身就是对此领域发展的一种巨大的推动。

当然,也可以换一种角度来思考康熙帝对清初科技发展规模与深度的影响,即从其"作君作师"所产生的"有形"与"无形"的影响力来考察。所谓"有形"的影响力,是皇权对科技活动产生的直接的影响,如通过政治权力对科技活动进行组织、安排。"无形"的影响力则是康熙帝通过在科技方面的权威形象,对科技文化进行的重塑。前者源于"君权",后者源于"师尊"。在此层面上,可以说,无论康熙帝在科技活动方面有多少不足,其为清初科技所做的贡献是不能被否认的。

二、限制:科研独立性与科学家话语权的丧失

将康熙帝与同时期的俄国彼得大帝、法王路易十四进行功过的比较,曾一度是学界此领域研究的热点视角。许多研究者认为,彼得大帝积极学习西方的先进科技,努力发展本国的工商业,在政治、文化、经济上实行一系列的改革,为随后俄罗斯帝国的强大打下了坚实的基础。法王路易十四大力提倡科技文化,建立科学院,甚至打破国度的界限,从海外引进人才,为法国走向资本主义强国道路提供了思想文化的支持。康熙帝面对很好的机遇,却没有进一步发展科技,如从国外引进先进技术发展工业、制造业,将中国变成一个工业强国,或者更加开放地吸收欧洲先进的科学思想,实现中国科学的近代化转型,所以应当为中国近代的落后状况负责任。笔者认为,中国与同时期的俄国、法国相比,有不同的国情,中国

近代的落后状态牵扯到政治、经济等很多复杂的原因,康熙帝虽然是一个地位极为重要的特殊人物,但并不能将其责任无限扩大。例如将康熙帝视为造成"李约瑟难题"之关键人物的评价,就夸大了康熙帝在中国科技发展历程中的作用。本书从皇权与科技之关系的视角来解读康熙帝对于科技发展之功,也以同样的视角来厘清康熙帝对于科技发展之过。

康熙帝通过对西方科技的努力学习和探索,获得了学术权威的地位,随着他在科技方面独一无二的话语权的形成,科学研究的独立性也在逐步丧失。所以,在此意义上来说,不是康熙帝未能给清初科技发展指出一条明路,而是科技发展根本就不应该全然跟随统治者的意志来进行。

明清之际入传中国的西学,以天文、数学为主,其余学科几乎没有什么大的发展机会。康熙帝曾一度对西医产生兴趣,特命宫廷画师绘制人体解剖图,批准白晋建立医学实验室,最后也不了了之。南怀仁曾经撰写《穷理学》一书,该书包括"逻辑学与方法论及形而上学、数学、天文学、测量、力学与机械、生物学与医学"①等内容,是一部囊括以往中西会通成果的格物穷理的著作。但是,此书上呈给康熙帝时,他并未接受,认为"此书内文辞甚悖谬不通",明珠等大臣也都附和,称"其所云人之知识记忆皆系于头脑等语,于理实为舛谬"。② 康熙帝对此书的态度,导致《穷理学》未能刊发流布。可以说,科学的发展全然被统治者的需求和好恶所左右,是不可能有一个健康、良性的发展前景的。

前文已指出,康熙帝既作君又作师的努力使得儒者们丧失了话语权力,这本身是对儒家道统的侵害;在儒者们丧失的话语权力当中,包含着科技话

---

① 《穷理学》全书共 60 卷,但因未刊刻,故抄本遗失,现仅存其 14 卷残抄本。关于其主体内容与结构的研究,参见尚智丛:《南怀仁〈穷理学〉的主体内容与基本结构》,《清史研究》2003 年第 3 期。

② 徐尚定标点:《康熙起居注》(第二册),东方出版社 2014 年版,第 480—481 页。

语权的丧失。一方面,儒士科学家们的科学研究要在康熙帝绝对权威的指导下进行,并跟随康熙帝的兴趣而转移;另一方面,因为康熙帝对自身科技权威形象的重视,使得亟须取得康熙帝信任的传教士们也改变了自明末形成的传播西学的方式,放弃士大夫阶层,而"主攻"康熙帝。这种情形更加剧了康熙帝对科技话语权的"垄断",当统治者的态度发生了转变,西方科学在中国的传播就会相应发生根本的变化。"礼仪之争"之后,西方科技在中国的传播状况就十分清晰地印证了这一点。

所以,虽然康熙帝通过至高无上的皇权推动了诸多科技活动的进展,然而,却也因此使得科学技术丧失了独立发展的机会。从科技发展的一般规律来说,科技的进步与发展要有合理的社会需求的刺激、规范的科学家队伍和科学共同体的形成;而康熙帝个人对科技话语权的"垄断"却恰恰限制了以上的发展因素,这会最终导致科学技术内在发展活力的不足。

附录：

康熙帝主要科技活动年表

顺治十一年（1654 年）

三月十八日，爱新觉罗·玄烨出生，为顺治帝第三子。

顺治十五年（1658 年）

爱新觉罗·玄烨开始读书，由内监为其讲授四书五经，并学作诗文。

顺治十八年（1661 年）

正月，顺治帝病逝，爱新觉罗·玄烨继承皇位，年号定为"康熙"。顺治帝遗诏命索尼、鳌拜、遏必隆、苏克萨哈四位大臣辅政。

康熙六年（1667 年）

七月，康熙帝亲政。

康熙七年（1668 年）

二月，康熙帝谕令各级官员，将各地精通天文之人送至京城考试，合格者纳入钦天监，该部分人员与各部院官员一样可以提升或调动。

十一月，康熙帝就历法问题派人向南怀仁征求意见，并再次重申天文历法的重要性，谕令中、西各方勿怀夙仇，固执争竞，应当实事求是，对者推行，错者更改。随后，康熙帝组织官员们与南怀仁一同分别在北京观象台、紫禁城内接连进行了三次日影观测。

十二月,康熙帝谕令召开议政王、贝勒、大臣、九卿科道会议,讨论中西历法争论问题。

康熙八年(1669 年)

一月,康熙帝命令在观象台进行中西历法的公开测验,结果西法胜出,康熙帝决定对历法案重新审理。

二月,康熙帝任命南怀仁为钦天监监副,负责重新推算历法、改造天文仪器。杨光先被革职治罪。

五月,鳌拜被擒。

八月,康熙帝恢复汤若望"通微教师"称号,归还天主教堂建堂基地,李祖白等同时受牵连的钦天监官员亦得平反,官复原职。本应处死刑的杨光先被宽免处理,发遣回原籍,沿途病发而死。

康熙九年(1670 年)

六月,康熙帝命令南怀仁制造滑轮组和绞盘车,为顺治帝陵墓运送石料。

九月,康熙帝谕令礼部加紧选择天文历法人才,每旗选取官学生十名(其中包括满洲官学生六名、汉军官学生四名),入钦天监分科学习,其中若有精通天文历法之人,还可以"俟满汉博士缺补用"。

康熙十一年(1672 年)

康熙帝命南怀仁引万泉河水灌溉庄园,南怀仁制造水平仪,用水文学理论设计开通河道,成功将水引入。

康熙十二年(1673 年)

南怀仁负责制成黄道经纬仪、赤道经纬仪、天体仪等六件新的天文仪器,康熙帝将其提升为钦天监监正。

康熙十三年（1674 年）

八月,因三藩叛乱军情紧急,康熙帝指挥南怀仁设计、制造西洋火炮,并且亲自参加火炮发射试验。

康熙帝看到南怀仁进呈的《灵台仪象志》十六卷,十分赞许,为其加太常寺卿衔。

康熙十四年（1675 年）

康熙帝同南怀仁学习西学。

康熙十五年（1676 年）

八月,康熙帝谕令钦天监任职官员,必须认真学习西洋新法,对其掌握精熟者,才可以得到提拔任用,未学习西洋新法者,不准升职。

康熙十七年（1678 年）

八月,康熙帝谕令礼部,将南怀仁编纂的《康熙永年历法》交翰林院,并令钦天监官员认真熟习、永远遵行。

因为康熙帝对科技的重视,已在钦天监任职的南怀仁向全欧洲的耶稣会士发出呼吁,希望增派有科技才能的耶稣会士来华。

康熙十八年（1679 年）

三月,康熙帝首设博学鸿儒科,在体仁阁殿试,出"璇玑玉衡赋"和"省耕诗"二题,并亲自阅卷,从参加考试的一百四十三人当中,点取一等、二等共计五十人,或任命翰林院侍讲、侍读,或任命翰林院编修等职。

康熙二十一年（1682 年）

康熙帝在巡视东北鞑靼地区的途中,同南怀仁一同用科学仪器观测地理、大气问题。

康熙二十二年（1683 年）

八月,南怀仁将写作完毕的六十卷本《穷理学》进呈给康熙帝,该书包含数学、天文学、测量、力学、生物学、医学等内容,但康熙帝并未将该书刊刻流布。

十月,南怀仁制成《盛京九十度表》（推算日月交食表）,康熙帝谕令永远遵行。

康熙二十四年（1685 年）

十月,比利时耶稣会士安多应召入京,接替南怀仁为康熙帝讲授数学。

康熙二十六年（1687 年）

李光地因母病请假归省,临行前,康熙帝召见李光地,与其探讨天文历算,其中涉及西洋历法等问题。

康熙二十七年（1688 年）

一月,南怀仁去世。白晋、洪若翰、张诚等传教士抵达北京,因遇孝庄太后之国丧,未能得见康熙帝。

二月,康熙接见白晋等五位传教士,接受了其进献的天文仪器等部分礼品,并赏赐给传教士茶叶、白银等。

三月,康熙帝再次接见白晋等人,并仔细询问了各自所擅长的专业,最后决定留白晋、张诚在京为宫廷服务,其余三人被派往外地。

康熙二十八年（1689 年）

二月,康熙帝南巡至南京,登临观星台,因老人星问题斥责李光地。

十一月,康熙帝谕令徐日昇、张诚、白晋、安多等传教士,每日在养心殿轮值,为其讲授西学。

康熙二十九年（1690 年）

康熙帝谕令白晋、张诚等用满语为其讲授几何学,并在业余时间反复练习绘图、计算和各种仪器的操作,很快即熟练地掌握了几何学原理。传教士授课用的讲稿也被译成汉文、装订成册,由康熙帝审阅、修订后存于内宫。

康熙帝对西方医学产生兴趣,令白晋编写医学讲稿为其讲授西医理论,如各种药的用法、人体解剖学等,康熙帝还命宫廷画师绘制人体解剖图。随后,康熙帝又批准白晋建立医学实验室的请求,为其配置设备。几个月后,实验室制成一批西洋药剂,康熙帝视为珍品。

康熙三十年（1691 年）

白晋、张诚准备为康熙帝进讲欧洲哲学史,结果因康熙帝患病导致计划搁置。

张诚陪同康熙帝参加"多伦会盟",出行过程中同康熙帝就温泉发热问题、星体运动问题、天文观测问题、几何学问题等做了一系列讨论。

十月十一日辰时,康熙帝于乾清门听政,同诸臣谈到三分损益、径一围三等问题,其间还评价了梅文鼎、熊赐履的算学水平。

康熙三十一年（1692 年）

正月初四,康熙帝在乾清门同大学士九卿谈论性理、音律、算法、河道等问题。特别提到《律吕新书》中的"径一围三"之法。

康熙三十二年（1693 年）

五月，康熙帝命白晋携带其赠予路易十四的一批珍贵礼物回欧洲，物色科技人才。

六月，康熙帝疟疾发作，服用了传教士进献的"金鸡纳霜"（奎宁）后痊愈。

康熙三十六年（1697 年）

白晋所著《康熙皇帝》的法文版在巴黎出版，其中有关于康熙帝热衷于科技情况的介绍。

康熙三十七年（1698 年）

白晋携带着路易十四赠予康熙帝的礼物，偕同其招募的巴多明、雷孝思等八名传教士一同返回中国，康熙帝特派人前去广州迎接。

康熙三十八年（1699 年）

康熙帝于南巡途中亲自进行多次河工测量，行至高邮时，发现多地河水高于湖水，遂谕令官员加紧筑修堤坝。

康熙四十一年（1702 年）

十月，康熙帝南巡，驻跸德州。李光地将梅文鼎所著《历学疑问》进呈，康熙帝带回宫中细看。

康熙四十二年（1703 年）

康熙帝写成《御制三角形推算法论》，并在南巡途中宣扬其中所论述的"西学中源"说。

康熙帝将梅文鼎所著《历学疑问》发还给李光地，并赠予李光地《几何原本》、《算法原本》等书。

康熙四十三年（1704 年）

十一月，康熙帝用仪器测验，发现钦天监根据西洋新法推算的日食时刻有误，但其并不认为西洋历法有问题，而谕令钦天监自行查找是否有误写字画、零数去除太多等失误。

康熙四十四年（1705 年）

四月，康熙帝南巡返京路过德州时，一连三天接连召见梅文鼎，对其历算水平表示赞许，并赠其"绩学参微"称号。

康熙帝命白晋等人前往海河泛滥区域查看洪水情况，白晋等人通过实地考察后，绘制出了受灾地区近 700 个村镇的地形图，进呈给康熙帝。

康熙四十八年（1709 年）

四月，康熙帝与陈厚耀进行多次关于科学问题的谈话，其中涉及测量、仪器、笔算、开乘方、径一围三、定位法、堆积丈量法、北极出地高度、地圆说、密说等问题。

康熙四十九年（1710 年）

四月，钦天监上奏的是立夏时分巽方风起（东南风），康熙帝在宫内占验的结果是东北风。他遂训谕钦天监，日后汇报无须有任何避讳，应当据实启奏。

康熙五十年（1711 年）

康熙帝通过日影观测，发现钦天监用西洋新法推算的夏至时刻"午正三刻"有误，应为"午初三刻九分"，遂受触动，认为西洋新法大体上较为准确，但是年月积久也会出现误差。

康熙帝在与直隶巡抚赵宏燮讨论数学时提及算法之理,认为皆出自《易经》,西洋算法称"阿尔朱巴尔",是"传自东方"的意思。

康熙五十一年(1712 年)

傅圣泽奉康熙帝之命,作《阿尔热巴达新法》一文,主要介绍欧洲符号代数。该文是介绍欧洲符号代数学的最早中文著作。

康熙五十二年(1713 年)

康熙帝下令于畅春园成立蒙养斋算学馆,由诚亲王胤祉、十六阿哥胤禄率领何国宗、梅瑴成、魏廷珍、王兰生、方苞等人,编纂历法、律吕、算法等书籍,并制作乐器。

康熙帝禁止天文、历法、音律等问题纳入策论考题中。

康熙五十三年(1714 年)

康熙帝谕令胤祉等组织人员每日测量畅春园的北极高度、黄赤距度,并将何国栋、索柱、白映棠、贡额、那海、李英、照海分别派往广东、云南、四川、山西、河南、江南、浙江这些里差较为显著的省份,测量北极高度和日影。

康熙五十七年(1718 年)

《皇舆全览图》绘制完成并呈送康熙帝御览。

康熙六十一年(1722 年)

康熙帝主持编纂的大型科技丛书——《律历渊源》完成。

参 考 文 献

一、康熙帝相关原始文献

中国第一历史档案馆整理:《康熙起居注》,中华书局 1984 年版。

中国第一历史档案馆编译:《康熙朝满文朱批奏折全译》,中国社会科学出版社 1996 年版。

《圣祖仁皇帝实录》,中华书局 1985 年版。

(清)爱新觉罗·玄烨:《康熙帝御制文集》,台湾学生书局 1966 年版。

(清)爱新觉罗·玄烨:《庭训格言》,中州古籍出版社 2010 年版。

(清)爱新觉罗·玄烨著,李迪译:《康熙几暇格物编译注》,上海古籍出版社 2007 年版。

(清)清圣祖敕编:《御制数理精蕴》,商务印书馆 1936 年版。

(清)爱新觉罗·胤禛著,魏鉴勋注释:《雍正诗文注解》,辽宁古籍出版社 1996 年版。

(清)赵尔巽等:《清史稿》,吉林人民出版社 1995 年版。

(清)章梫纂,褚家伟等校注:《康熙政要》,中共中央党校出版社 1994 年版。

(清)蒋良骐:《东华录》,齐鲁书社 2005 年版。

二、古籍类著作

(汉)司马迁:《史记》,线装书局 2006 年版。

（汉）班固：《汉书》，中华书局1962年版。

（汉）孔安国传，（唐）孔颖达等正义：《尚书正义》，上海古籍出版社2007年版。

（汉）赵岐注，（宋）孙奭疏：《孟子注疏》，上海古籍出版社1990年版。

（汉）郑玄注，（唐）孔颖达等正义：《礼记正义》，上海古籍出版社1990年版。

（汉）许慎撰，（清）段玉裁注：《说文解字注》，浙江古籍出版社2006年版。

（魏）何晏等注，（宋）邢昺疏：《论语注疏》，上海古籍出版社1990年版。

（唐）韩愈著，屈守元、常思春主编：《韩愈全集校注》，四川大学出版社1996年版。

（唐）虞世南编撰：《北堂书钞》，中国书店出版社1989年版。

（宋）李元纲：《圣门事业图》，中华书局1991年版。

（宋）欧阳修、宋祁等撰，陈焕良、文华点校：《新唐书》，岳麓书社1997年版。

（宋）程颢、程颐：《二程遗书》，上海古籍出版社2000年版。

（宋）程颢，程颐：《二程集》，中华书局1981年版。

（宋）朱熹：《四书集注》，海南出版社1992年版。

（宋）朱熹著，郭齐、尹波点校：《朱熹集》，四川教育出版社1996年版。

（宋）黎靖德编，王星贤点校：《朱子语类》，中华书局1986年版。

（元）脱脱等：《宋史》，吉林人民出版社1998年版。

（明）黄宗羲：《黄宗羲全集》，浙江古籍出版社2012年版。

（明）黄宗羲撰，李伟译注：《明夷待访录》，岳麓书社2016年版。

（明）王夫之：《读通鉴论》，岳麓书社1996年版。

（明）徐光启：《徐光启集》，上海古籍出版社1984年版。

（清）王先谦：《荀子集解》，中华书局1988年版。

（清）朱彝尊著，王利民校点：《曝书亭全集》，吉林文史出版社2009

年版。

（清）杨光先等撰，陈占山校注：《不得已（附二种）》，黄山书社2000年版。

（清）李光地编纂，刘大钧整理：《周易折中》，巴蜀书社2008年版。

（清）李光地著，陈祖武点校：《榕村语录　榕村续语录》，中华书局1995年版。

（清）梅文鼎：《勿庵历算书目》，中华书局1985年版。

（清）梅文鼎撰，张静河点校：《绩学堂诗文钞》，黄山书社2014年版。

（清）明安图著，罗见今译注：《割圆密率捷法》译注》，内蒙古教育出版社1998年版。

（清）陈梦雷等编：《古今图书集成（祥刑典）》，台湾鼎文书局1977年版。

（清）陆世仪：《思辨录辑要》，文渊阁四库全书本。

（清）孔毓圻等：《幸鲁盛典》，清文渊阁四库全书本。

（清）纪昀总纂：《四库全书总目提要》，河北人民出版社2000年版。

（清）阮元等撰，冯立昇、邓亮、张俊峰校注：《畴人传合编校注》，中州古籍出版社，2012年版。

（清）阮元校刻：《十三经注疏》，中华书局1980年版。

（清）允禄，蒋溥等编纂：《皇朝礼器图式》，清文渊阁四库全书本。

（清）张廷玉：《明史》，岳麓书社1996年版。

（清）余金：《熙朝新语》，上海书店出版社2009年版。

（清）吴振棫：《养吉斋丛录》，北京古籍出版社1983年版。

（清）张行言：《圣门礼乐统》，清康熙四十一年万松书院刻本。

（清）昭梿：《啸亭杂录　续录》，上海古籍出版社2012年版。

韩琦，吴旻校注：《熙朝崇正集　熙朝定案（外三种）》，中华书局2006年版。

三、传教士等国外著作

［意］利玛窦著，朱维铮主编:《利玛窦中文著译集》，复旦大学出版社2001年版。

［意］利玛窦著，［法］梅谦立注:《天主实义今注》，商务印书馆2014年版。

［意］利玛窦、［比］金尼阁著，何高济、王遵仲、李申译:《利玛窦中国札记》，商务印书馆、中国旅游出版社2017年版。

［法］白晋:《康熙皇帝》，黑龙江人民出版社1981年版。

［法］张诚著，陈霞飞译:《张诚日记(1689年6月13日-1690年5月7日)》，商务印书馆1973年版。

［比］南怀仁:《坤舆图说》，中华书局1985年版。

［比］南怀仁著，［比］高华士英译，余三乐中译:《南怀仁的〈欧洲天文学〉》，大象出版社2016年版。

［比］南怀仁集述，宋兴无、宫云维等校点:《穷理学存(外一种)》，浙江大学出版社2016年版。

［法］白晋等:《老老外眼中的康熙大帝》，人民日报出版社2008年版。

［德］G. G. 莱布尼茨著，李文潮、张西平主编，［法］梅谦立、杨保筠译:《中国近事——为了照亮我们这个时代的历史》，大象出版社2005年版。

辅仁大学天主教史料研究中心编:《中国天主教史籍汇编》，辅仁大学出版社2003年版。

［法］杜赫德编:《耶稣会士中国书简集》，大象出版社2001年版。

［法］费赖之著，冯承钧译:《在华耶稣会士列传及书目》，中华书局1995年版。

［法］荣振华著，耿昇译:《在华耶稣会士列传及书目补编》，中华书局1995年版。

［英］李约瑟:《中国科学技术史》，科学出版社1990年版。

［法］艾田蒲著,许钧、钱林森译:《中国之欧洲》,河南人民出版社 1994 年版。

［法］谢和耐著,于硕等译:《中国文化与基督教的冲撞》,辽宁人民出版社 1989 年版。

［美］艾尔曼著,原祖杰等译:《科学在中国(1550-1900)》,中国人民大学出版社 2016 年版。

［美］史景迁著,温洽溢译:《康熙:重构一位中国皇帝的内心世界》,广西师范大学出版社 2011 年版。

［美］孟德卫:《莱布尼兹和儒学》,江苏人民出版社 1998 年版。

［美］约瑟夫·列文森著,郑大华、任菁译:《儒教中国及其现代命运》,广西师范大学出版社 2009 年版。

［美］魏若望著,吴莉苇译:《耶稣会士傅圣泽神甫传:索隐派思想在中国及欧洲》,大象出版社 2006 年版。

［美］魏若望编:《传教士·科学家·工程师·外交家南怀仁(1623-1688)》,社会科学文献出版社 2001 年版。

［葡］佛朗西斯·罗德里杰斯著,黎明、思平译:《葡萄牙耶稣会天文学家在中国:1583-1805》,澳门文化司署 1990 年版。

四、国内今人著作

陈祖武:《清初学术思辨录》,中国社会科学出版社 1992 年版。

陈卫平:《第一页与胚胎——明清之际的中西文化比较》,上海人民出版社 1992 年版。

陈鼓应:《明清实学思想史》,齐鲁书社 1989 年版。

陈捷先:《康熙写真》,浙江文艺出版社 2003 年版。

陈万鼐:《清史乐志之研究》,台北"故宫博物院"1978 年版。

崔张华、张书才主编:《清代天文档案史料汇编》,大象出版社 1997 年版。

董光璧:《中国近现代科学技术史论纲》,湖南教育出版社 1992 年版。

丁福保,周云青编:《四部总录(天文编、算法编)》,广陵书社 2006 年版。

方豪:《中国天主教史人物传》,中华书局 1988 年版。

方豪:《方豪六十自定稿》,台湾学生书局 1969 年版。

葛兆光:《中国思想史》,复旦大学出版社 2009 年版。

郭书春:《中国科学技术典籍通汇(数学卷)》,河南教育出版社 1993 年版。

管成学、王兴文:《简明中国科学技术通史》,吉林人民出版社 2004 年版。

何俊编:《余英时学术思想文选》,上海古籍出版社 2010 年版。

黄一农:《两头蛇:明末清初的第一代天主教徒》,台湾清华大学出版社 2005 年版。

黄进兴:《优入圣域:权力、信仰与正当性》,陕西师范大学出版社 1998 年版。

霍艳芳:《中国图书官修史》,武汉大学出版社 2014 年版。

蒋兆成,王日根:《康熙传》,人民出版社 1998 年版。

梁启超:《中国近三百年学术史》,岳麓书社 2010 年版。

梁启超:《清代学术概论》,上海古籍出版社 2005 年版

李天纲:《跨文化的诠释》,新星出版社 2007 年版。

李天纲:《中国礼仪之争》,上海古籍出版社 1998 年版。

李迪主编:《中国数学史大系》,北京师范大学出版社 2000 年版。

李亚宁:《明清之际的科学、文化与社会》,四川大学出版社 1992 年版。

刘耘华:《诠释的圆环——明末清初传教士对儒家经典的解释及其本土回应》,北京大学出版社 2005 年版。

卢良志:《中国地图学史》,测绘出版社 1984 年版。

吕江英:《康熙初年的历法之争与儒耶冲突》,中华书局 2015 年版。

李孝聪,白鸿叶:《康熙朝《皇舆全览图》》,国家图书馆出版社 2014 年版。

孟昭信:《康熙评传》,南京大学出版社 1998 年版。

马来平:《探寻儒学与科学关系演变的历史轨迹——中国近现代科技思想史研究》,上海古籍出版社 2015 年版。

马来平:《传统文化与中国科技的命运——以"传统文化对科技的作用"为中心》,济南出版社 2015 年版。

马勇:《中华文明·中国文明通论》,福建教育出版社 2010 年版。

苗润田:《中国儒学史(明清卷)》,广东教育出版社 1998 年版。

钱宝琮主编:《中国数学史》,科学出版社 1964 年版。

邱源媛:《清前期宫廷礼乐研究》,社会科学文献出版社 2012 年版。

钱穆:《国史大纲》,商务印书馆 2010 年版。

尚智丛:《明末清初(1582-1687)的格物穷理之学——中国科学发展的前近代形态》,四川教育出版社 2003 年版。

尚智丛:《传教士与西学东渐》,山西教育出版社 2008 年版。

孙尚扬:《基督教与明末儒学》,东方出版社 1994 年版。

孙尚扬:《明末天主教与儒学的互动:一种思想史的视角》,宗教文化出版社 2013 年版。

宋德宣:《康熙思想研究》,中国社会科学出版社 1990 年版。

沈毅:《中国清代科技史》,人民出版社 1994 年版。

宋军令:《黄河文明与西风东渐》,科学出版社 2010 年版。

田淼:《中国数学的西化历程》,山东教育出版社 2005 年版。

吴伯娅:《康雍乾三帝与西学东渐》,宗教文化出版社 2002 年版。

王扬宗:《近代科学在中国的传播》,山东教育出版社 2007 年版。

吴洪泽,尹波,舒大刚主编:《儒藏·史部·儒林年谱》,四川大学出版社 2007 年版。

徐海松:《清初士人与西学》,东方出版社 2001 年版。

徐宗泽:《明清间耶稣会士译著提要》,上海书店出版社 2010 年版。

徐中舒:《甲骨文字典》,四川辞书出版社 2014 年版。

徐振贵主编:《孔尚任全集辑校注评》(第四册),齐鲁书社 2004 年版。

萧功秦:《儒家文化的困境——近代士大夫与中西文化碰撞》,四川人民出版社 1986 年版。

许明龙主编:《中西文化交流先驱——从利玛窦到郎世宁》,东方出版社 1993 年版。

谢国桢:《明末清初的学风》,上海世纪出版集团 2006 年版。

谢景芳,赵洪刚:《明清兴替史事论考》,吉林人民出版社 2008 年版。

乐爱国:《儒家文化与中国古代科技》,中华书局 2002 年版。

杨国桢,李天乙主编:《李光地研究——纪念李光地诞生三百五十周年学术论文集》,厦门大学出版社 1993 年版。

余英时:《士与中国文化》,上海人民出版社 1987 年版。

余英时:《中国知识分子论》,河南人民出版社 1997 年版。

杨久盛:《清代盛京宫廷乐舞研究》,春风文艺出版社 2013 年版。

杨荫浏:《中国古代音乐史稿》,人民音乐出版社 1981 年版。

张承友,张普,王淑华:《明末清初中外科技交流研究》,学苑出版社 1999 年版。

朱维铮主编:《基督教与近代文化》,上海人民出版社 1994 年版。

朱维铮:《走出中世纪》,复旦大学出版社 2009 年版。

赵晖:《西学东渐与清代前期数学》,浙江大学出版社 2010 年版。

左步青选编:《康雍乾三帝评议》,紫禁城出版社 1986 年版。

张西平:《欧洲早期汉学史:中西文化交流与西方汉学的兴起》,中华书局 2009 年版。

郑国光主编:《中华大典·地学典·气象分典》,重庆出版社 2014 年版。

郑安德编:《明末清初耶稣会思想文献汇编》,北京大学宗教研究所

2003 年版。

五、学术论文

陈祖武:《论康熙的儒学观》,《孔子研究》1988 年第 3 期。

陈卫星:《"西学中源说"与中国接受西学的初始心态》,《兰州学刊》2012 年第 11 期。

陈其芳:《李光地及其哲学思想》,《福建论坛(文史哲版)》1986 年第 5 期。

陈东:《清代经筵制度》,《孔子研究》2009 年第 3 期。

陈世锋:《西学东渐下的科学与宗教》,《自然辩证法研究》2013 年第 3 期。

成积春:《论康熙以"理"治国的理论与实践》,《齐鲁学刊》2006 年第 2 期。

成积春:《刘大年〈论康熙〉的学术贡献及对清史研究的启示》,《近代史研究》2015 年第 1 期。

杜石然,韩琦:《17、18 世纪法国耶稣会士对中国科学的贡献》,《科学对社会的影响》1993 年第 3 期。

丁延景,谭德隆,罗寿枚,李西湖:《清康熙年间我国一次大规模地理经纬度和全国舆图的测绘》,《广东师院学报(自然科学版)》1977 年第 2 期。

冯尔康:《康熙帝多方使用西士及其原因试析》,《安徽史学》2014 年第 5 期。

冯宝琳:《康熙〈皇舆全览图〉的测绘考略》,《故宫博物院院刊》1985 年第 1 期。

郭永芳:《康熙与自然科学》,《自然辩证法通讯》1983 年第 5 期。

韩琦:《君主和布衣之间:李光地在康熙时代的活动及其对科学的影响》,《清华学报》1996 年第 4 期。

韩琦:《白晋的《易经》研究和康熙时代的"西学中源"说》,《汉学研究》

1998 年第 1 期。

韩琦:《"自立"精神与历算活动——康乾之际文人对西学态度之改变及其背景》,《自然科学史研究》2002 年第 3 期。

韩琦,詹嘉玲:《康熙时代西方数学在宫廷的传播——以安多和《算法纂要总纲》的编纂为例》,《自然科学史研究》2003 年第 2 期。

韩琦:《科学、知识与权力——日影观测与康熙在历法改革中的作用》,《自然科学史研究》2011 年第 1 期。

韩琦:《蒙养斋数学家陈厚耀的历算活动——基于《陈氏家乘》的新研究》,《自然科学史研究》2014 年第 3 期。

韩琦:《康熙帝之治术与"西学中源"说新论——《御制三角形推算法论》的成书及其背景》,《自然科学史研究》2016 年第 1 期。

黄一农:《择日之争与康熙历狱》,《清华学报》1991 年第 2 期。

黄一农:《清初钦天监中各民族天文学家的权力起伏》,《新史学》1991 年第 2 期。

黄一农:《康熙朝汉人士大夫对"历狱"的态度及其所衍生的传说》,《汉学研究》1993 年第 2 期。

黄一农:《清初天主教与回教天文家间的争斗》,《九州学刊》1993 年第 3 期。

郝贵远:《中国传统文化与西方文化的较量——杨光先与汤若望之争》,《世界历史》1998 年第 5 期。

韩昭庆:《康熙《皇舆全览图》与西方对中国历史疆域认知的成见》,《清华大学学报(哲学社会科学版)》2015 年第 6 期。

何炳棣:《清代在中国历史上的重要性》,《清史译文》1980 年第 1 期。

江晓原:《试论清代"西学中源"说》,《自然科学史研究》1988 年第 2 期。

江晓原:《中国古代历法与星占术:兼论如何认识中国古代天文学》,《大自然探索》1988 年第 3 期。

江晓原：《天文、巫咸、灵台——天文星占与古代中国的政治观念》，《自然辩证法通讯》1991 年第 3 期。

李迪：《康熙帝与数学》，《科学技术与辩证法》2000 年第 2 期。

李兆华：《关于〈数理精蕴〉的若干问题》，《内蒙古师范大学学报（自然科学汉文版）》1983 年第 2 期。

刘钝：《清初历算大师梅文鼎》，《自然辩证法通讯》1986 年第 1 期。

刘钝：《清初民族思潮的嬗变及其对清代天文—数学的影响》，《自然辩证法通讯》1991 年第 3 期。

刘方玲：《清朝前期帝王道统形象的建立》，南开大学博士学位论文，2010 年。

刘大年：《论康熙》，《历史研究》1961 年第 3 期。

刘福铸：《试论〈康熙几暇格物编〉》，《福建师大福清分校学报》1996 年第 1 期。

刘溪：《"西学中源"说与康熙帝"道治合一"形象的构建》，《自然辩证法研究》2016 年第 10 期。

刘溪：《皇权如何兼并儒家道统——以清康熙帝"道治合一"的努力为中心》，《河北学刊》2017 年第 2 期。

刘溪：《西方科学与康熙帝圣王形象的塑造》，《学术交流》2017 年第 3 期。

吕江英：《清初历法之争原因再探究》，《烟台大学学报（哲学社会科学版）》2010 年第 4 期。

林健：《西方近代科学传来中国后的一场斗争——清初汤若望和杨光先关于天文历法的论争》，《历史研究》1980 年第 2 期。

吕志毅：《〈康熙几暇格物编〉一书的学术价值》，《河北图苑》1993 年第 3 期。

潘吉星：《康熙帝与西洋科学》，《自然科学史研究》1984 年第 2 期。

宋德宣：《简论康熙天人感应中的民本思想》，《云南社会科学》1986 年第 6 期。

宋德宣:《康熙的天道观中的矛盾及其解决方法》,《湖南师范大学社会科学学报》1986 年第 2 期。

宋德宣:《论康熙的天道观的演变》,《社会科学辑刊》1986 年第 5 期。

宋德宣:《论康熙与朱熹理学观的异同》,《湖南师范大学社会科学学报》1989 年第 4 期。

[日]山田庆儿:《近代科学的形成与东渐》,《科学史译丛》1984 年第 2 期。

石云里:《崇祯改历过程中的中西之争》,《传统文化与现代化》1996 年第 3 期。

孙喆:《浅析影响康熙〈皇舆全览图〉绘制的几个因素》,《历史档案》2012 年第 1 期。

史筠:《蒙古族科学家明安图》,《内蒙古大学学报(人文社会科学版)》1963 年第 1 期。

史玉民:《清钦天监研究》,中国科学技术大学博士学位论文,2001 年。

王胜军:《清初庙堂理学研究》,湖南大学博士学位论文,2011 年。

吴伯娅:《康熙与〈律历渊源〉的编纂》,《故宫博物院院刊》2002 年第 4 期。

王扬宗:《康熙三角形推算法论简论》,《或问》2006 年第 12 期。

王扬宗:《康熙、梅文鼎和"西学中源"说》,《传统文化与现代化》1995 年第 3 期。

王扬宗:《"西学中源"说和"中体西用"论在晚清的盛衰》,《故宫博物院院刊》2001 年第 5 期。

王寅:《康熙朝"理学名臣"对"道统论"的发扬》,《西部学刊》2016 年第 8 期。

席泽宗:《论康熙科学政策的失误》,《自然科学史研究》2000 年第 1 期。

席臻贯:《从康熙皇帝的音乐活动看〈律吕正义〉》,《音乐研究》1988 年第 3 期。

谢景芳:《杨光先与清初"历案"的再评价》,《史学月刊》2002 年第 6 期。

萧云岭:《中西文化冲突中康熙心态析——从"扬汤之争"到"礼仪之争"兼论中国近代化问题》,《井冈山师范学院学报(哲学社会科学版)》2001 年第 4 期。

乐爱国:《从儒家文化的角度看"西学中源"说的形成》,《自然辩证法研究》2002 年第 10 期。

袁良义:《论康熙的历史地位——对刘大年同志〈论康熙〉一文的商榷》,《北京大学学报(哲学社会科学版)》1962 年第 2 期。

闫大伟:《康熙的西学观探析》,《淮阴师范学院学报》2004 年第 6 期。

阎秋凤,李诗梅:《杨光先反西学原因之探析》,《河南理工大学学报(社会科学版)》2014 年第 2 期。

俞强:《梅文鼎与"西学中源说"》,《南开学报(哲学社会科学版)》2003 年第 1 期。

杨平:《耶稣会传教士〈易经〉的索隐法诠释》,《周易研究》2013 年第 4 期。

张祺:《〈历象考成〉对〈崇祯历书〉日月和交食理论的继承与发挥》,内蒙古师范大学博士学位论文,2014 年。

张兆鑫,赵万里:《梅文鼎与西学:"礼失求野"与"西学中源"》,《自然辩证法研究》2014 年第 1 期。

郑荣达:《康熙三分损益十四律解——兼与陈万鼐先生商榷》,《中国音乐》2009 年第 1 期。

责任编辑：马长虹
封面设计：伊木桃

图书在版编目（CIP）数据

道统、治统与科技:康熙皇帝与西方科学/刘溪 著. —北京:人民出版社,
　2021.6
ISBN 978 - 7 - 01 - 023602 - 5

Ⅰ.①道…　Ⅱ.①刘…　Ⅲ.①康熙帝（1654—1722）-人物研究②科学
　技术-文化交流-文化史-研究-中国、西方国家-清代　Ⅳ.①K827 = 49
　②G322.9

中国版本图书馆 CIP 数据核字（2021）第 139167 号

道统、治统与科技
DAOTONG ZHITONG YU KEJI
—— 康熙皇帝与西方科学

刘　溪　著

人 民 出 版 社 出版发行
（100706　北京市东城区隆福寺街 99 号）

北京汇林印务有限公司印刷　新华书店经销

2021 年 6 月第 1 版　2021 年 6 月北京第 1 次印刷
开本:710 毫米×1000 毫米 1/16　印张:13
字数:200 千字　印数:0,001-3,000 册

ISBN 978 - 7 - 01 - 023602 - 5　定价:48.00 元

邮购地址 100706　北京市东城区隆福寺街 99 号
人民东方图书销售中心　电话（010）65250042　65289539